MY NAME IS... RINKA

A to Z
DICTIONARY

MY NAME IS... RINKA

Action

【アクション】映画撮影の現場で、監督がスタート！を宣言する言葉。

Ready, Action!

アクション！
…カチンコが鳴って、私の人生の第3ステージが始まった。40代になった。
これから始まる人生のドラマに胸を高鳴らせている私がいる。
誰も皆、人生という自分の映画の中の主人公だ。
きっと今までよりももっと深く豊かな経験をたくさん積んで、
私のドラマはこれからますます面白くなる。

2014 Summer, ACE HOTEL DOWNTOWN LOS ANGELES にて撮影

Age

【エイジ】年齢。年齢を重ねる=生きるということ。

Ageless Woman

30歳までは自分のことが嫌いだった。
自分を好きになることがその頃の目標だったの。
30を過ぎてから少し変わった。
自分を愛することができるようになったと思う。
そうして少し楽になった。

若い子は無条件にかわいいと思うけど、女性のかっこよさとか風味、
みたいなことを考えると年齢を重ねた女性のほうがいい、と思うようになった。
日本の文化は"カワイイ"が好きだから、そういうものには逆らえないけど、
本当はもっといろんな価値観があるといいよね。
年をとることって、そんなに悪くないと思うよ。

shirt: FRANK&EILEEN, denim: REEFUR

Always

【オールウェイズ】いつもいっしょにいる、つまり大事なもの。バッグの中身のように。

LONDON

- CHANEL 時計
- HERMÈS 手帳
- CHANEL バッグ
- BIG RED CANDY キャンディ
- Dr.Hauschka アイクリーム

PARIS

- MARY GREEN アイマスク
- CHANEL バッグ
- ILLESTEVA サングラス

Always with Me

バッグの中身、見せてあげる。

HAWAII

TOKYO

女の人は、Bagの中に愛嬌があるといいと思う。
Bagそのものは外見だけど、Bagの中身はその人自身だから。
いつも持ち歩くものには、その人の愛嬌が詰まっていると思う。

Anniversary

【アニバーサリー】記念日。その日をきっかけに人生に変化が起きた日。

And I've Become a Mother

11月18日は息子が生まれた日。
そしてそれは私が母親になった記念日でもある。
この日を境に私は強くなった。とても。

My Son's Birthday 2011/11/18

Bag

【バッグ】一度に持てる数は限りがあるが、なぜか女性たちがたくさん所有したがるもの。

Bags, My Best Friends

若い頃は欲しいと思ったらとにかく買い込んでいた。
だんだんと自分が欲しい絶対的なものがわかってきて、どんどん断捨離したので、
最後に残ったBagたちは、本当に私がしっくりくるものだけ。
気がつくと、バスタオルも家具もBagも、好きな色のものだけが残っている。

Chloé, VALENTINO, CHANEL, ART/BERG, LANVIN, HERMÈS, FENDI

Book

【ブック】本。「本屋に行くとトイレに行きたくなる」現象はいまだ解明されていない。

『joe's second issue』
著名なスタイリスト、ジョー・マッケンナのビジュアル本。所有しているケイト・モスの写真のアザーカットも収録されていて、世界のトップレベルのクリエイターが集結して作られたイメージの連続の作品集。

『Kate: The Kate Moss Book』
ケイト・モスって、存在自体がアートだと思う。ケイトのケイトらしい写真が満載、いつ見ても色あせない。表紙のこの目を見ただけで、彼女の特別さがよくわかる。

『TIM WALKER PICTURES』
フォトグラファー TIM WALKERの代表的な写真集。イメージの作り込み、一瞬をとらえる力、夢のような彼の美しい世界にうっとり。自分の結婚式の演出のヒントにもしました。

『BERLIN』
ドイツのオンラインマガジンFreunde Von Freundenによる、ベルリンのクリエイターたちのスタジオや自宅取材本。インテリアやディスプレイの参考にしました。

『Jane and Serge: a Family Album』
ジェーン・バーキンとセルジュ・ゲンズブールのおしゃれファミリー写真集。付録たっぷり、最高に楽しいデザインにもやられました。

Books Always Inspire Me

昔から、何かあるたびに本屋に行くの。
本屋でいろんなビジュアルブックを眺めては、いろんな空想してた。
写真集を見ているだけでいろんな国に行けるし、いろんな妄想に浸るのが楽しい。
モデルとしても、ディレクターとしても、常にイマジネーションをかきたてられる
素敵なビジュアルが必要で、すごくいい写真を見てると、
体から変なものが出てくる気がするの。アドレナリン、なのかな？

LA Downtownの本屋にて

Business Woman

【ビジネスウーマン】働く女性。(家事も含めて)すべての働く女性たちに健康と勇気を。

knit: VALENTINO

I am a
Business Woman

私の職業はモデルとかタレントじゃなくて、職業＝梨花なの。そもそも仕事という感覚はなくて、自分自身の一部なの。無意識のうちに、いつも仕事は日常の中に溶け込んでいるから。だけど、向き合っているプロジェクトに対しての意識は高くもってるつもり。何よりも、好きなことに出会えた幸せを感謝してるから。日常生活の中にたくさんのヒントがあるとわかったから、日常生活をがんばるようになった。当たり前のことのなかにいろんなことが含まれてる。仕事から人生を教えてもらった気がする。

RINKA'S SCHEDULE
ある日のスケジュール

06:30 起床、お風呂に入る ⇒ 07:30 朝ごはん ⇒ 08:30 子どもを送りに ⇒ 09:00 WORK！Maison de Reefur にてサンプルチェック、商品企画ミーティング ⇒ 12:00 スタッフとランチ ⇒ 13:00 WORK！出版社と打ち合わせほか ⇒ 14:30 子どもを迎えに⇒ 16:00 子どもをサッカー教室に ⇒ 17:30 食事の支度 ⇒ 19:00 夜ごはん ⇒ 20:00 子どもをお風呂に入れる ⇒ 21:00 子どもを寝かしつける ⇒ 21:30 読書、テレビなど ⇒ 22:30 翌日の朝ごはん仕込み ⇒ 23:00 就寝

Cat

【キャット】ネコ。マイペースで、自分と人間を対等な関係だと考えている生き物。

Kyoro-Chan, I Love You!

愛猫、キョロちゃんはお姫さま。
私はこの子のおかげでどんなに助かったことか。
子どもができなかった頃に彼女を飼い始めたので、その頃のことは鮮明に覚えてる。
家に閉じこもって空白だった心をキョロちゃんが埋めてくれた。
だから妊娠した時に、なんとなくお腹の子とうまくはいかないだろうなあ、って思ったけど、
実際まだ今はなじんでないの。
だから、私は少しキョロちゃんに申し訳ない気持ちでいる。
「ごめんね。うちの子とそのうち仲良くなってね」
どっちもこんなに愛してるんだから。

Kyoro's Profile: Russian Blue, Female, Birthday 2009/12/23

Chance

【チャンス】機会。人生のチャンスは誰にでも公平にやってくる。

Do Not Miss Your Chance

本当に自分がやりたいことに出会えること。
それが人生最大のチャンスだと思う。
そのことだけですべて解決!
好きなことに出会ってさえいれば、
これ以上の幸せはないと思う。
人をうらやむこともないし、道をはずれることもない。
息子にも、それだけを望んでいます。
本当に好きなことに出会えるといいね。

shirt: J.CREW

Closet

【クローゼット】クローゼット。洋服ダンスの中身は所有者そのものを表している。

dress: VALENTINO

Mixed Style, Mixed Rinka

私のクローゼットは完全なるMix Styleだ。ラグジュアリーブランドも無地のTシャツも、レースの下着もミリタリージャケットも、女っぽいものも男っぽいものも、いろんな気分の時の、それぞれの自分にしっくりくるものたちが集まっている。それらがジューサーの中でミックスされるように、私というスタイルは成り立っている。

Coexistence

【コイグジステンス】2つのことが同時に成立すること。家事と仕事の両立は女性にとって永遠のテーマ。

Model, Director, Wife And Mom...

あきらめるという単語がどうしても嫌い。
モデルとディレクター、育児と仕事。いくつもの相反することを両立させなければいけない。
そりゃ大変だけど、あきらめたとは思わずに、「なるべく絞ってそこに没頭する」と思うようにしてる。
一番やりたいのは何？と自分に確認して、それを極める！
そういう考え方に変えたの。

Family and career,
it is very hard to have both.
But I am trying my best !
Upset and cool down, everyday....

どちらもやらされてるわけじゃなくて、やりたくてやってるんだからね。
こんな幸せなことってある？
とか言いながら、ギブアップな日々もあるよ。
でも、そんな時には自分にこう言うの。
「じゃ、やめるの？」
……これがまた、やめられないんだよね♡

2014 Summer, Family Vacation@Los Angeles

Coffee

【コーヒー】全日本コーヒー協会によると、10月1日はコーヒーの日である。

No Coffee, No Life

毎日、コーヒーを飲む。
今日も飲む。明日もきっと飲む。
カフェオレが仲良しの同僚なら、
ブラックコーヒーは、仕事のできる上司かな。

2014 Autumn, ACE HOTEL LONDON SHOREDITCH, AM 7:00

Color

【カラー】色。人生いろいろ。

Colorful Food Makes You Beautiful

食べ物はキレイな色がたくさん入ってるといいよね。
小さい子どもだと生野菜をたくさん摂るのは難しいから、
ジューサーに入れるとか工夫してなんとか食べてもらうように。
緑黄色野菜も色の濃いものを食べることは大事だし、
色の種類が多ければ多いほどいい。2色より3色、3色より4色。
キレイな色のものを食べてると、キレイになれる気がするでしょ。

knit: DOLCE&GABBANA

Complex

【コンプレックス】一般に劣等感(心理学的には複合観念)。用例「〜をバネにがんばる」

Complex is My Best Friend Forever

1. 短気でせっかち
2. 爪が小さくて丸い
3. ちょっと毛深い

その他にもコンプレックスはいっぱいある。
昔の私はマイナス思考で悲劇のヒロインのようにネガティブで、
自分に自信がないから自分のことが大嫌いだった。
日々不安で、次の日の朝になるのが怖かった。
でもいきなり自分が変わることはできないし、大きな自信をもつのは無理だから、
小さな自信を少しずつつけていけばいいと思う。目標はなるべく低く、ね。

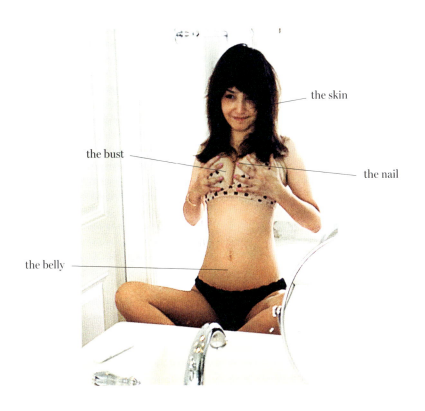

昔、私は、毎日腹筋3回だけやるって決めたの。
少ないでしょ。あえて低い目標を掲げて、でもそれを積み重ねることでいつしか
それは壮大なものになり、大きな結果になるんだよね。そして、続けられると自分に自信がつく。
今は、コンプレックスがチャームポイントに変わることもある、と思う。
たとえば、背が小さいから洋服のバランスのことをたくさん考えるようになったし、
短い爪も赤いフレンチネイルにはかわいいしね。
もちろん、自分からも変えていくようにするのが大事なんだけど
自分に自信がもてるようになって、いろんなことが変わった。
コンプレックスは「自分らしさ」に変化したの。

lingerie: STELLA McCARTNEY

Converse

【コンバース】コンバース。バスケットボール専用のシューズとして開発された胸きゅんスニーカー。

My Sentimental All Star!

私にとってコンバースってほんの少し、童心に帰るものなのよね。
一瞬だけ、アメリカのハイスクールの学生みたいな気分になる。
今だけちょっとお行儀悪くてもいい、地べたに座りたくなるような、
少し切ない青春のようなスニーカー。

vintage shop: The Paper Bag Princess@Los Angeles

Cry

【クライ】泣く。「もう泣かないで」by ボブ・マーリー

No Woman, No Cry

そういえば、最近泣かなくなった。
たぶん、家族ができてから、私は泣かなくなった。
昔は、撮影の現場でシャッター押されながら、メソメソ泣いていたこともあった。
恋愛依存症で、自分の気持ちを持て余して、部屋でも仕事場でも涙が止まらないこともあった。
旦那さんと子どものいる今、「どんな時に泣く?」と言われたら
あまりにうれしい時にちょっと涙ぐむことはあるよ。
涙の数だけ女はきっと幸せになる。

lingerie: STELLA McCARTNEY

Daily Beauty Time

【デイリービューティ】キレイになるために、女性にはやらなきゃいけないコトがある。

もっとキレイになりたい、といつも思ってる。
そしてそのために、私にはお風呂が欠かせない。
とにかく全部出したいの。老廃物も邪念も全部。何かを得たい時には、まず出す！
これは私の基本ポリシーで、何事にも必ず言えること。
体も洋服も、頭の中のモヤモヤも、整理してからまず出す！
そうすると必要なものが入ってきて、すべてが栄養になる。

Daily Beauty Time

Skin Care

まず洗顔、そしてワンパターンにならないこと

スキンケアは人それぞれだけど、きちんと洗い流しているかということがまず大事。
その上で自分の時間と肌質に応じて考えるのがいいと思う。肌は慣れてしまうので、時々違うものを試して少し刺激を与えるのもいいです。クリニックで買えるようなドクターズコスメの最先端技術は凄いと思う。

HABAシリーズ
いろいろ試して結局、無添加化粧品のHABAに戻る。クレンジング、洗顔料から美容液まで高い純度のスクワランが配合。

EXFOLIATING MASK / KIMBERLY PARRY ORGANICS
PHLORETIN CF / SKIN CEUTICALS
RESVERATROL B E / SKIN CEUTICALS
上級者向け。美白と保湿に効果的な酵素入りスクラブのマスク(左)、若々しい印象の肌へ導くエイジングケアに優秀なドクターズコスメ(中、右)。

SKIN MEDITATION / oltana
BOOST HORMONENE ALL IN ONE FACE OIL / effective organic
急いでる人向け。左は高機能ローション兼美容液で、現代人の肌のさまざまなダメージから保護&修復してくれる。右はオールインワンのオイルで、時間のない朝晩に。どちらも1本でもOK！という優れもの。

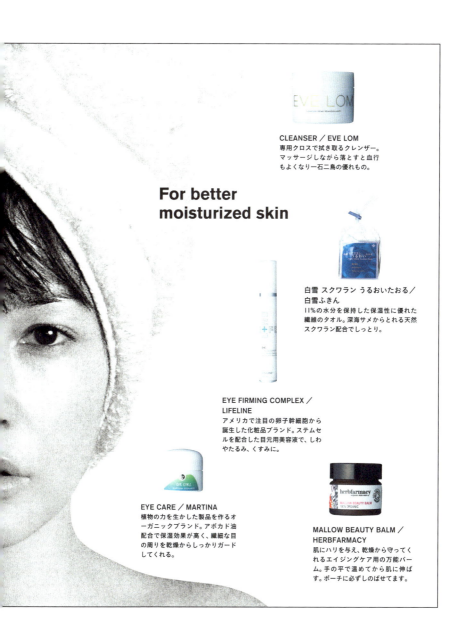

For better moisturized skin

CLEANSER / EVE LOM
専用クロスで拭き取るクレンザー。マッサージしながら落とすと血行もよくなり一石二鳥の優れもの。

白雪 スクワラン うるおいたおる / 白雪ふきん
11％の水分を保持した保湿性に優れた繊維のタオル。深海サメからとれる天然スクワラン配合でしっとり。

EYE FIRMING COMPLEX / LIFELINE
アメリカで注目の卵子幹細胞から誕生した化粧品ブランド。ステムセルを配合した目元用美容液で、しわやたるみ、くすみに。

EYE CARE / MARTINA
植物の力を生かした製品を作るオーガニックブランド。アボカド油配合で保湿効果が高く、繊細な目の周りを乾燥からしっかりガードしてくれる。

MALLOW BEAUTY BALM / HERBFARMACY
肌にハリを与え、乾燥から守ってくれるエイジングケア用の万能バーム。手の平で温めてから肌に伸ばす。ポーチに必ずしのばせてます。

Daily Beauty Time

Day Time
いかに出していかに入れるか

お風呂タイム以外でも、体から「出して入れる」ということを考える。きちんと体から老廃物を排出して、きちんといいものを体に入れる。
ちゃんと栄養を吸収させて、キレイな体を自分で作る。
便秘にならないようにデトックスハーブティー…。
最近は、自律神経や女性ホルモンのバランスのために漢方も。あと、楽しく飲むのも大事ね。「これ効く〜！」と思って飲むと2割り増し！

INNER CLEANSE ／ PLANTOLOGY（左）、INNER PEACE ／ PLANTOLOGY（右）
100%ナチュラルの漢方とハーブをオーガニックはちみつでコーティングしたサプリ（左）。消化器系全体を活性化してデトックス（右）。PMS症状や生理前のイライラに。

COSMEKITCHEN HERBORISTERIE
女性ホルモンのバランスや、抗酸化などアンチエイジングを考えて、オーガニックのブレンドハーブティーをこまめに。

MOTHER WATER ／ TAKASHIRO MIYOKO MIRACLE LIFTING
1日1本飲む水素水。体内の酸化を防いでくれる。トイレが近くなるから、老廃物を出してくれてることを実感する。

LOMI 出美茶／ Dr. Body
デトックスに効果的なハーブティー。くせのない味で飲みやすく、自然とこまめに口にしてる。お通じのためにもね。

MANUKA HONEY ／ MAXX HONEY
古くからマオリ族の貴重な薬とされた花の蜜で、殺菌効果があり栄養価も高く、風邪の予防や解熱、整腸作用もある。

Bath Time
デトックス！デトックス！

できれば1日に2回はお湯に浸かるようにしている。朝はサクッと夜は長めに。
できるだけ考え事はしないで、デトックスだけに集中。汗をたっぷりかいて体の内側から余計なものを出し切る。湯船に浸かったら、そのまま風呂場で全身をマッサージする。
水分を出した体には、その場ですかさず、出したら入れるの法則で、体にいい水素水を注入！

LYMPHOFLUIDE HERBAL OIL ／ PAUL SCERRI
全身のリンパの流れをスムーズにしてくれるサラッとしたオイル。オレンジ、マジョラム、シナモンの香りに癒される。

BATH SOLT ／ SHIGETA
グリーンブルーム(左)、ローズダイブ(中)、ライトアップ(右)のバスソルト。精油の爽やかな香りが湯船に広がる。

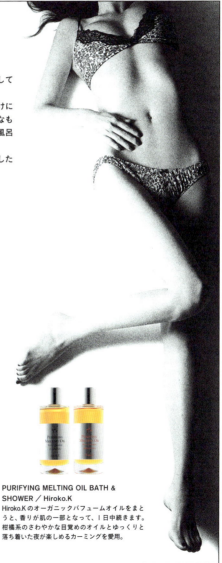

PURIFYING MELTING OIL BATH & SHOWER ／ Hiroko.K
Hiroko.Kのオーガニックパフュームオイルをまとうと、香りが肌の一部となって、1日中続きます。柑橘系のさわやかな目覚めのオイルとゆっくりと落ち着いた夜が楽しめるカーミングを愛用。

Daily Beauty Time

Body Care
自分自身と向き合う

日々のボディケアは、お風呂上がりのストレッチ。1日の終わりに全身を伸ばしてほぐしてから寝るのと、体が縮こまったまま寝るのとでは、翌朝の調子が全然違う。自分の体を触ることで自分自身とも向き合える。そして、女性らしい香りのボディクリームでマッサージすることが私の大事な日課。慌ただしい日はもちろんあるし、もちろん毎日なんてできてないよ。でも、キレイになろうという気持ちがとても大事だと思う。少しの時間でもいいから、体を伸ばしてマッサージして、いい香りをまとっていい気分で1日を終える。時間と心に余裕がある時は、キャンドルを灯しながらゆっくりと。

NATURATIV TIGHT CREAM ／ NATURATIV
ヒップや腿の凹凸をなめらかに整えてくれるクリーム。マッサージしながらすり込むと引き締まったハリのある肌に。

CARITA 14 ／ CARITA
フェイス、ボディ、ヘアと全身に使えるスプレータイプのオイル。少量使いできるのも便利。バーベナの爽やかな香り。

CRÈME DE CACHEMIRE ／ CARITA
なめらかなボディクリーム。さらっとしているのに保湿力がある。控えめな甘い香りも女性らしくて華やか。

Hear what your body says

Hair Care

髪の毛にいい土壌を

髪の毛は、まず頭皮のコンディションを整えること。白髪防止と抜け毛防止のためにもね。シャンプーする前に、スカルプエッセンスをつけて、クレンジングブラシで頭皮マッサージを。最初に毛穴の汚れを落とすのと、頭皮を柔らかくするためにも。髪の毛を乾かす時には、毛先にだけオイルをつけてパサつかないようにする。

結局、髪の毛も「いかに出していかに入れるか」が大事なの。どんなシャンプーやコンディショナーを使うかよりも、髪にいい土壌を作ること。

YUMEDREAMING EPICUREAN の ヘアクレンジングクレイ、 シャンプー2種類とヘアオイル THE BODY SHOP のシャンプーブラシ
ヘアクレンジングクレイ(左)とスキャルプ用ブラシでシャンプー前に毛穴から汚れを落とす。ヘアオイルで保湿を欠かさずに。

MASON PEARSON
猪毛を使ったイギリスの老舗メーカーの固めのブラシでしっかりブラッシング。ほどよい刺激で地肌の血行をよくする。

BLUE ROSE LIMITED HAIR EMULSION / LA CASTA
髪の質感をしなやかに整えてくれるヘアエマルジョン。オイルベースのさらっとしたテクスチャーですぐなじむ。

Daily Beauty Time

Foot Care
今日の疲れは今日のうちに

マッサージしてむくみをとったり、ツボを刺激したりリンパの流れをよくしたり、全身美容のためには欠かせません。そして何よりこだわってるのが、カカトなのです。どんなに素敵な女性でも、カカトがカサカサなのを発見したらガッカリでしょ。
ありとあらゆるカカトを研究した私が自信を持ってオススメします！ぜひお試しあれ〜。

SOFT NOURISHING BODY BUTTER LAVENDER ／ KIMBERLY PARRY ORGANICS
100%ナチュラルなオーガニック成分のボディバター。バスタイムのあとに少量を脚に塗り、なめらかでしっとりした肌へ。ラベンダーの優しい香りにも癒される。

FOOT MASSAGE OIL ／ FRANTSILA
足裏の皮膚を猫の肉球のように柔らかに滑らかに整えてくれるフットマッサージオイル。

かかとちゃん／桐灰化学
ドラッグストアで簡単に手に入るが、実はチタンの入ったモイストラップラバーという高機能商品。家用とおでかけ用がある。

指宿軽石／シオザキ
カカトには一家言あるワタシ。お風呂ではカカトのケアも大事です。天然軽石で優しくこする。

Doctor Help!

時には駆け込み寺へ

自分ひとりの手には負えない時は、早めに駆け込み寺へGO！時間がない人のために、プロに任せた方がいいコトはたくさんあるのです。

MASSAGE
ゴッドハンドの髙橋ミカさんのサロン「ミッシィボーテ」や「Dr.Body 恵比寿店」、時間があれば西麻布の韓国サウナ「adam&eve」に半日おこもりしたり。おばちゃんのマッサージ、韓国料理やよもぎスチーム最高。

BOWEL THERAPY
腸が弱ると毒素を溜め込みお肌ボロボロに。脳にも直結した臓器なので、腸が整うと精神的にも安定するそう。腸が疲れた時は原宿のボディサロン「ソアンソー」でバウエル（腸）セラピー含めフルボディトリートメントを。

TEETH CARE
歯医者で通常のチェックとクリーニングはしてるけど、プロにしかできない技術としては、歯のホワイトニングも。セルリアンタワー東急ホテル内「TEETHART」には短時間で終わる本格ホワイトニングコースあり。

Detox & Reset

DETOX JUICE ／ WHY JUICE?
生野菜やフルーツの栄養素を生きたまま抽出するコールドプレスジュースでファスティング。美肌・デトックスにおすすめ！

Denim

【デニム】デニムのない人生なんて。

The King of My Closet

Tシャツとデニムがあればどこでも生きていける私です。ブルーデニムにTシャツだと
少しスタンダードすぎる時には、ダメージデニムやブラックデニム。
人より変わった格好をしたいわけじゃないけど、自分らしさは出していたいから。
日本の社会は、年取ると落ち着いてて当然だという風潮があるでしょ。
だけど、その人の持ち味、風味が出る、ということが年取っていく醍醐味でもあるし、
私にとっては、Tシャツとデニムは、無駄なものをとってその人自身が見えやすい、
大事な自己表現だと思ってるの。

denim: REEFUR

Destiny

【デスティニー】運命。信じる？ 信じない？

私は運命を信じる。
だけど、運命は自分で変えられる。
結婚する時に今の旦那は運命の人じゃないと言われたけど、大丈夫。
運命は自分で変えられるから。
「絶対信用できる」と思った初めての人を、自分で選んだことがすでに運命だったと思う。
私が信じられる道を歩んでいく。それが運命になるのだ。

dress: Olympia Le-Tan

Making My Own Choice

中目黒のパントマイムさん
「中目黒の番人」と呼ばれる和装のミステリアスな男性占い師さん。何をするか、はもうあまり悩まないけど、新しいチャレンジを始めるためのタイミングと吉方位を聞きにいく、行きつけの占い師さん。お世話になっております!

イヴルルド遙華さん
イヴルルド遙華さんの算命学によるハッピーアース占い。タロット、占星術など。私はキャンドル星人で、自分の身を削って周りを照らす人情屋でハードワーカーだとか。ケイト・モスも同じで、トレンドセッターの気質あり。
http://www.ineori.com

ラン・ボーさん
ハワイ在住のベトナム人女性サイキック。私の家族関係や恋愛に関してズバリ言い当てて、男の子が生まれることも教えてくれた。彼女に言われた運命が私の気持ちと違ったから抵抗したら、私ハワイでぶったおれちゃった。自分が思った方向に運命のコースを曲げてみたけど、今、とても幸せです。

橘さくらさん
実際に鑑定してもらったこともあるけど、実はデータ収集好きのワタクシ、橘さんの『「運命日」占い』本を熟読してました。星占いでは、私は双子座第1日目生まれだから、おうし座的要素も含んでいるはず、っていつも両方読んで参考にしてます。
http://roseplanet.jp

Energy

【エナジー】人間、元気はエネルギーの源があってこそ。

Ocean, Mountain, Ancestor...
My Energy Source

エネルギー補給したい時は、山でも海でも自然のあるところに行きます。
普段の生活は本当に情報にあふれているし、たくさんの物質に囲まれて過ごしてるから、
それらから少しでも解放されると、頭も体も軽くなり、一度整理される気がする。
マイナスイオンがそこに実際にあるかどうかわからないけど、そう思えたら勝ち。
私が大事にしているのは、お墓参りです。ご先祖様に挨拶して、見守ってくれてることに
感謝して、深呼吸ひとつ。私の父母はよくお墓参りに行く人だったので、
全然億劫じゃなくて、習慣としてしみ込んでるんですね。
子どももいっしょに連れていき、お墓を掃除させていっしょに手を合わせる。
簡単だけど大事なエネルギーチャージの時間です。

2014 Winter, Hawaii にて撮影

Envy

【エンヴィ】妬むこと。うらやむこと。隣の芝生は青い。が、実は枯れていることもある。

How to Live
in the World of Envy

人間、生きてりゃどうしても妬んだり妬まれたりすることがあるよね。
でもね、自分と人を比べない！ 絶対に比べないの。
人をうらやんだり陰口を言ってると自分が辛くなるから。
それでも、人と比べようとしたらね、黙禱！
隣の芝生はどうしても青く見えるんだけど、
他人の人生の世界に自分を押し込めても、切ないし悔しい。
自分の世界の中でもがくほうがいいの。
もし、妬んだり妬まれたり、今、人間関係に悩んでいる人がいたら、
小さい頃にパパから私が言われた言葉を贈ります。
「死ぬまでに本当に仲のいい友達が1人できれば、それで十分だよ」

bracelet: dinh van

Eyes

【アイズ】目。「あなたがもし泣いたことがないとしたら、あなたの目は美しいはずがないわ」
by ソフィア・ローレン

アイメイクひとつで全然違う女性像を表現できると思う。
いろんな表情や感情を語ることができる。
でも睫毛がパサついたり、粉っぽいアイシャドウがのった瞬間、ちょっとげんなりする。
私はどんな時でも、湿度を感じられるアイメイクが好きだ。

M・A・C EYE SHADOW RIOT

She is Easy on the Eye

NARS
FLIBUSTE
VELVET
SHADOW
STICK

1. EYELINER

2. MASCARA

HELENA
RUBINSTEIN
SURREALIST
EVERFRESH

D-UP
EYELASHES
SECRET LINE 921

3. EYELASHES

1. がっつりアイライナーで力強くポップに
目のインサイドに太いアイラインペンで引く。睫毛にのっちゃうくらいはみ出す感じがポイント。ポップさを感じられるアイラインだから、ボーイッシュな服はもちろん、逆に女らしい服を着てアンバランスを楽しむのも◎

2. 目尻のマスカラでキュンとする可愛らしさを
上のアイラインはまっすぐに、マスカラは目尻側に多めにのせる。下睫毛は、ちょうど黒目のあたりのセンターだけに塗る。目の大きさを強調でき、可愛らしさが引き立つ。ピュアで切ない憂いを帯びた表情に!?

3. 部分アイラッシュで大人のほんのりした色気を
アイラッシュ(付け睫毛、エクステ)は、目の真ん中から目尻側に。アイラインのような感覚で、重くなりすぎないナチュラルなタイプが立体感も出せ、大人の女性に。睫毛の影を出しながらしっとり目で語る。

Family

【ファミリー】家族。好きな時も嫌いな時もお互い愛している人々のこと。

I Found My True Nest of Myself

私は常に自分の居場所を探してきた。
実際に自分が居るべき場所も、自分自身のココロの居場所も。
最弱だった弱虫の私が、家族ができることで最強になったと思う。

単純に結婚できたということではなく、本当に信用できる人と
住まいを共にできるということ。本当に信用してるものしか必要としない、
という潔さと強さを身につけた。自分が生まれた時の家族として、パパやママとの愛はあるけど、
これからの人生を切り開いていく時に必要な新たな居場所を、私は見つけた。

Female

【フィメール】女性。Male(男性)の反対語。

Every Girl Has a Flower Inside

私はいつも"女性像"を考えている。その洋服を着ているのはどんな女性なのか。
何が好きでどんなことを考えながら日々を暮らしてるのか。
モデルは架空の"女性像"を想像しながら、そこにリアリティをもたせる仕事。
でもいつしか、私は自分の生活のなかでも"女性像"を夢見るようになった。
自分のなかにある小さな希望。小さな理想。そしてそれは、いつかきっと現実になる。

Flat Shoes

【フラットシューズ】自由に走れたり飛び跳ねたりできる、ヒールの低い靴のこと。

shoes: CHANEL, CHARLOTTE OLYMPIA, VALENTINO, TABITHA SIMMONS, chloé

High and Low?
My Choice is Flat

若い頃からフラットシューズしか履かないから、美しいフラットシューズを見つけた時の喜びったら！写真としてのピンヒールの美しさや、全体のバランスとしてピンヒールが必要な時もわかるけど、私にはフラットシューズのこなれた感じが大切。地味に計算しないといけないの。

shirt: CHANEL, denim: CITIZENS of HUMANITY

Freedom

【フリーダム】自由。他のものから束縛されることなく、自分自身に忠実に表現できる状態。

I Love Freedom

生き物にとって、自然に振る舞うというのはとっても大事なことなんだ。
(by スナフキン)

2014 Summer, Muscle Beach
in Santa Monica にて撮影

Freedom

I Need Freedom

君たちも大人になればわかるさ。
ある意味で、大人は子どもよりも
もっと子どもみたいになることがあ
るんだよ。(by スナフキン)

swimwear: American Apparel

Gift

【ギフト】贈り物。感謝や挨拶の気持ちを表すために、何かをプレゼントすること。

For Husband
ROLEX, Watch

For Staff
CHANEL, Quilting Bag

For Friends
MAISON DE REEFUR,
Ballet Shoes

Thank You
for the People Who Support Me

旦那さんへ
つきあっていた時に誕生日プレゼントで贈ったもの。実は結婚式の時に、もう1つ腕時計をあげたんだけど、やっぱりこの1つ目が思い出深い。洋服もちょこちょこ買ってて、だんだん彼のファッションも私好みに♡

リーファーの担当者さんへ
私が作りたいアイテムやアイディアを具現化してくれる私の左腕(マネージャーさんが右腕)。シャネルの店で、彼女に似合う！とピンときたので、日頃の感謝をこめてサプライズプレゼント。とっても喜んでくれた。

お友達へ
リーファーのオリジナルのバレエシューズはちょっとした贈り物に便利。5色の色違いなのでお友達の女の子チームに。シンプルなデザインなので、誰でも履きやすいと思います。皆でおそろいで履いても楽しい。

For Art Director
Tea Cup Set

For Manager
HERMÈS, Birkin Bag

For Producer
BULY, Body Cream

アートディレクターさんへ
彼女の事務所で打ち合わせするたびに、おいしいお茶を入れてくれてほっと一息つかせてくれる。だからティーセットをプレゼント。マリアージュフレージュなど美しい青色陶器をセットにして、アトレ目黒でゲット。

マネージャーさんへ
お誕生日おめでとうの気持ちをこめて、ドカン！とエルメスのバーキンをプレゼント。山あり谷ありの20年を一緒にやってきてくれた人です。本気で感謝の気持ちを伝えとかないと！……お世話になっております。

プロデューサーさんへ
1803年創業の香水と化粧品ブランド、BULYを復活させたことで話題のパリのお店で購入。ラベルに名前と日付を書いてくれるかわいいパッケージも素敵。細かい仕事の多いプロデューサーさんへボディクリームを。

Gift

Joy to Select a Gift for My Dear Friends

1 Kutani Cup
2 Granny Smith's Apple Pie
3 Toraya Usagi Manju
4 Toraya Monaka
5 Cute iPhone Case
6 God's Bath Bomb

気の利いたプレゼントをさりげなくできる人って憧れる。こういうこと上手なほうではないんだけど、大人として最近少しずつがんばっているのです。ギフト選ぶのも楽しいしね。

1. 九谷焼虚空蔵窯の一服椀
友達のお宅にお邪魔する時は、その家に合いそうな雑貨をおみやげに。九谷焼の鮮やかな色合いが黒地に映える一服椀は、一点一点手作りだからこそのあたたかな風合い。(九谷焼虚空蔵窯／MAISON DE REEFUR)

2. グラニースミスのアップルパイ
種類豊富だけどオーソドックスな「フレンチダマンド」を。薄めのパイ生地の中にジューシーな煮リンゴがたっぷり。大人数でも食べられるホールサイズを。(グラニースミス アップルパイ＆コーヒー 青山店)

3. とらやの兎饅
紅白で並んだウサギ、その愛らしい姿がたまりません。兎は縁起がよいモチーフなので、七五三、結婚、出産のギフトに。特注品のため東京と京都の一部店舗のみで、4日前までに予約が必要。(とらや 赤坂本店)

4. とらやの最中
桜、菊、梅の形。桜と梅形の「御代の春」とは、平和が続くことを願う名前で、ふわっとした色合いと形がきれい。「御代の春 紅」(白餡入)、「弥栄」(小倉餡入)、「御代の春 白」(こし餡入)の3種。(とらや 赤坂本店)

5. REEFURのiPhoneケース
リーファーの雑貨は、モデル友達、同級生、あちこちの女友達から「かわいい！ほしい！」のお声をいただきます。ギフトに便利なiPhoneケースは季節によってさまざまなデザインが。(MAISON DE REEFUR)

6. 風呂神玉(バスボム)
「おいせさん」というコスメブランドのバスボブで、伊勢神宮に奉納し利益の一部も寄付しているご利益モノ。大正元年から続く地元高級養蜂園の蜂蜜入りで、お肌すべすべに浄化してくれる。(おいせさん)

Grandmother

【グランドマザー】祖母。だいたいの場合、孫は目の中に入れても痛くない。

My Grandma's Name is Annie

(上の写真の)私のおばあちゃんは、パパが19歳の時に死んでるから、会ったことはないの。
オランダ系のフランス人だったそうです。おじいちゃんは地学博士で、世界中を回って
地面を掘って地層を研究してた人。仕事でパリに行った時に恋に落ちて
そのまま連れて帰ってきちゃったんだって。キリスト教の信者で、若くして
白血病で亡くなったけど、おじいちゃんにとっては彼女は本当に最愛の人だったようです。
一度、おじいちゃんがこっそりストリップショーを見に行ったら、それがバレてものすごく怒られてね。
1週間会社を休ませられて、毎日家で奥さんのストリップ見せられたんだって。
おばあちゃんの名前はアニーと言います。パパとママのレストランも「アニー」という名前でした。
最近、デニムのはき方やリップの塗り方ひとつにも、
その国の雰囲気、その国の女性らしさがあるよなーと思って、
たまに祖母の国のことを考えたりするようになりました。

Grow Up

【グロウアップ】成長。大人になること。大人らしくふるまうこと。

Girls Mature Fast

気がついたらすっかり大人になって、
ふと見ると口元にちょっとしたシワができてたり、
手の甲に細かいシワを見つけたりするような年齢です。
でも最近、自分の手のシワを見つめて、ちょっといいな、と思ったりする。
やっと、中身も外見も風味が出てきたかな、なんて。
"カワイイ"世界に浸っていたから、今の自分がすごく楽しいの。
新品着てる若い子じゃないので、大人ならではの
風味のあるオシャレができるようになったしね。
手の甲のカサッとした乾いたシワは決して欠点じゃなくて、
大人のスパイスなんだと思うんです。

T-shirt: JAMES PERSE

Hair

【ヘア】髪を切る、伸ばすという行為に、恋心が密接に関係していた時代もあった。

Spring has come
春、暖かくなると前髪が短くなる

Autumn has come
秋、肌寒くなると前髪が長くなる

Your Hair Tells Your Story

いろんな髪型をしてきたけど、今は短い前髪が私のスタンダード。
40代になって、飾らない女性の愛らしさみたいなことは、
メイクより、むしろ髪型のほうが自然に醸し出せると思うようになった。
眉を見せることで、ヘルシーな雰囲気になるとも思うしね。

Hair

What About Hair Color

カラーリングは、私の肌に一番合うと思う色からあまり変えない。
信頼している専門のカラーリストにお任せして、少し明るくしたり少し暗くしながら、
ダークブラウンをキープしてる。流行よりも、肌に合う色を、というのが私のモットーです。
多少伸びても成立するように、染めてても地毛に見えるような色にしてます。

color salon: KAKIMOTO ARMS（AOYAMA店）, color number: 8 level（olive brown）

What About Hair Arrange

髪はそのまま下ろしてることが多くて、自分でアレンジをするときは三つ編みくらい。
お団子とかポニーテールはしないんだよね。ゆるい三つ編みのお下げが定番。
猫っ毛なのでスタイリッシュなヘアスタイルはダメ。BEAUTRIUMのタケルさんは指で撫でてる
だけで髪の毛が生き返るゴッドハンドで、お世話になっております。

cut salon: BEAUTRIUM 七里ケ浜

Handsome Woman

【ハンサムウーマン】かっこいい女性。精神的に独り立ちしている女性。

Prefer to being Handsome than Sweet

かつて、男目線のファッションを考えたことは、一度も、私は、ない。ファッションとしてというよりも、私の美学として、感性として、ないのだ。男まさりということではなく、ファッションはあくまでも自分のためのものだと思ってる(モデルとしてのファッションと自分のためのファッションは違う)。

黒髪ロングが好きだと言われたら、じゃあ、そういう人を探せば?と思う。彼のことが好きだからその人に好かれようと自分を合わせていくのは、エサを求めてさまよう小鳥のようにかわいい女の子だと思うけど、私にはそれは無理みたい。

jacket&pants: JOSEPH

Hat

【ハット】帽子。屋外の正装としてのドレスコードでもある。

Hat as Well-balanced

昔から帽子で全体のバランスをとっていた気がするの。
帽子をかぶらないで表現しようとすると完成しないような気がして。
マスカラ塗り忘れてるくらいの不安定な感じ。
髪の毛をきちんとセットされちゃうと表情も硬く引っ張られるので
帽子かぶって多少、髪の毛くしゃくしゃくらいが自然で好きなの。
以前２年間くらい、勉強のつもりで、仕事も普段も帽子NGにしてたのね。
そうしたら、女性像が全然違ってた。面白いよね。
あ、もちろん、髪の毛ボサボサだったり伸びかけてる時にも、
帽子はとても便利です。

hat: SUPER DUPER HATS

Help

【ヘルプ】メゾン ド リーファーで手伝ってくれる人を募集しております。

Help！Wanted！

ただいま「メゾン ド リーファー」ではスタッフ募集中です！
シャレてる諸君！いっしょにリーファーのお仕事をしませんか？

・見た目がソフトでもハート♡が強い人
・運の強い人、もしくは自分は運が強いと信じてる人
・常識にとらわれてないけど、常識がある人
・ウソをつかない人
・腹黒くない人

詳しくはHPをご覧下さい。

http://www.maisondereefur.com/recruit

Hero

【ヒーロー】英雄。戦う君は美しい。

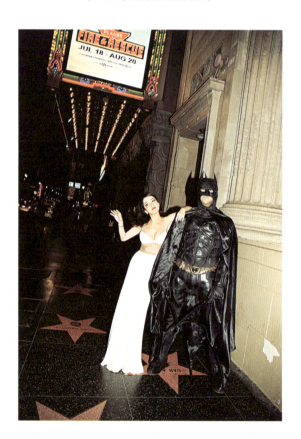

My Husband is Batman for Me

私のヒーローは旦那さん。子どもができてから、呼び名はパパになっちゃったけど
パパは私のことをすごく大事に、そして自慢に思ってくれてる。
結婚した時だけじゃなく、「うちのが……」と人に話す時、ちょっとうれしそうなの。
こんな私を選んでくれた旦那は、カワイイとか愛らしいものよりも、
自分が理解できないものに惹かれるらしい。
「私が凄く輝いている時」が好きだと言ってくれる。本当にいい人に出会ったと思ってます。

2014 Summer, TCL Chinese Theatre@Los Angeles にて撮影

Home Sweet Home

【ホーム・スウィート・ホーム】この家で育ち、この家から巣立つ人のために。

Wanna See My Sweetest Home?

この家を建てる時、大切にしたのは"少し先の自分"をイメージするということ。
今の私には少し大人過ぎるかもしれないけど、
長く住むことになるであろうこの家には、次のステップとなる理想や未来を描きたかった。
ずいぶんシミュレーションを重ね、最初は迷いに迷ったけど、
住みながら少しずつ家具を揃えていくことによって、
理想と現実の生活がだんだん一致してきている。
ようやくたどり着いたその一体感が、今はなんだか心地よい。

アートは家のテーマの1つだけど、作品自体にはなるべく色がなくて美しいものを選んだ。
玄関には、リビングと同じ日本画の作家(Kokin)の桜を描いた作品を。
上海の骨董市で購入した花瓶に黄色い梅(蠟梅)を生けてみた。

Home Sweet Home
LIVING ROOM

FLEXFORMのソファ、FOSCARINIのスタンド(twiggy floor lamp)。
手前のアンティークの藤椅子や、HOUSE OF HACKNEYのヒョウ柄
のクッションなどで、バランスをミックスした。

上：パリのメルシーで買った木の椅子を本棚に。
下：藤椅子の下はキョロちゃんの定位置。

大きな窓のリビングは日当たりがよくて、人が集まる場所。6割モダンでコンサバ、これを目指した。今までの私にコンサバの素地はなかったけど、未来の自分のために、と思って。木目の柔らかさは私にも素直に受け入れられた。家族と長くいる空間なので、なるべく抑えめに。クッションや椅子などで自分らしさを出した。家族の変化によってインテリアの構成も変わっていくと思うから。

Home Sweet Home
ATELIER

上：ASTIER de VILLATTEのプレート。
中：Sophie Delaporteのペインティング(2010年)。
下：マグカップ&ノート、どちらもASTIER de VILLATTE。

右：テーブルと木の椅子はGERVASONI。60〜70年代のスポックチェア、Ilmari Tapiovaaraなど4種類の異なる椅子を配置。左の白壁のテキスタイルは鰐津朝子の作品。後ろの台には、マーシャルのスピーカー、白の陶器の花瓶はLee Gee Jo作で、白いダリアと南京はぜを生けている。「花と枝や実のものを一緒にアレンジするのが好き」

アトリエと呼んでいるが、部屋の仕切りはまったくない。ただ、ここに座ると本格的に仕事のスイッチが入る。息子は寂しくなると隣に来て座ってるけど、「ここにいるママはお仕事」ということがわかってる。後ろのモルタルの棚は素材とデザイン(支えなし)にこだわりまくった。照明と額縁と枝のバランスが気に入っている。パリで一目惚れで買ったブルース・ウェーバーのケイト・モスの写真はこの本を作る時のイメージにもなっている。

Home Sweet Home
KITCHEN

コーヒーはたくさん飲むので、なるべく簡単に作れるデロンギ製。ライトはNYのAPPARATUSというブランドのCLOUDシリーズ。

左：Northern Ohio Industrialの椅子。
下：4つ口のガスコンロ。水回りはどうしても奥に配置されて暗くなるので、目隠しに植物を植えてわざわざ窓を作った。

COOKING SPACE

悩みに悩んだ末に真っ白なキッチンにした。
対面式なので、会話しながら料理を作る楽しみも。
なるべく明るく、光を取り入れることにこだわった。
基本はすっきり収納で全部しまうスタイル。
季節の花や木は常に置くようにしている。
今日はヤドリギの枝とアジサイの切り花。

Home Sweet Home
DINING&GARDEN

私のなかでは一番コンサバだと思う空間だけど半年住んでいるうちに、だんだんしっくりくるようになった。自分と"風味"が合ってきた気がする。大理石のテーブルはオーダーメイドで、背景の日本画とシックなテイストになったと思う。Kokinさんは日本の作家で、花の選び方も枝や葉などに和を感じるものが多くなってきた。日本古来の美意識の凛として背筋が伸びる感じが好き。流行を追わず、ぶれない強さがあると思うから。

左：ペンダント照明はBRAND VAN EGMOND
（Crystal Waters Hanglamp）。日本画にちょうど
木漏れ日が差す風景が特別にお気に入り。
上：中庭にはGERVASONIの机と四角い椅子。
夏はここにいることが多い。コーヒー飲んだり
バーベキューしたり、子ども用プールで遊んだり。
下：ティーセットはASTIER de VILLATTE。

Home Sweet Home
BOOK CORNER

リビングからもアトリエからも、すぐに本が見られる場所に写真集のコーナーを作った。家を建てるために手当たり次第、写真集を見て調べたけど、結局いろんな国のミックススタイルになったと思う。昔のように細々とした雑貨を並べることを一切やめた。掃除しやすさもちょっと考えたけど。

本棚はドイツのインダストリアル・デザイナーDieter Rams氏による。キャビネットをあえて1つにしたのは、「散らかさない！物は増やさない！」という気持ちから。

STAIR ROOM

今まで絨毯＆カーテン派だったのが、今回初めてのフローリング＆ブラインドデビューで、1Fは全部フローリング。でも、プライベートスペースの2Fと階段は、ふかふか絨毯を。やっぱり裸足が好き。

1Fから2Fへの吹き抜け部分の大きな照明、BOCCI (28.28 Square) は、昼間と夜と表情を変える。

Home Sweet Home
PRIVATE ROOM

とにかく朝日がよく入る部屋なので、夏は5時から目が覚める。ベッドとテレビと額のみのシンプルな寝室。ゴミ箱や必要じゃない小物雑貨があちこちに見えてるのが嫌で極力、すっきりさせている。

ベッドはKINGSDOWNのREGALIA、LIBECO HOMEの寝具一式。家族写真はSARAI MARIに、この本のために撮ってもらったもの。

PATIO

今は『Berlin』などインテリア誌を並べている。ここでインテリア写真集を眺めながら、何もない空間に椅子が1個……など私の好きな方程式を考える。椅子1個と影だけ、というような空間を作りたい。

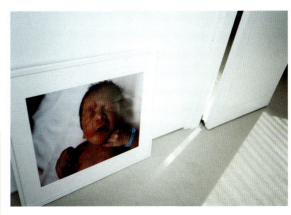

廊下は家族写真のギャラリーになっている。カラーコピーを貼りながら、自分でレイアウトを決めた。2Fのパティオは、今までだったら花を植えるところを、シンプルな緑だけにしてみた。

Home Sweet Home
TRAINING ROOM

この部屋は将来は息子の部屋になる。一日中、一番日当たりがいい部屋。でも今は私のトレーニングルームでお風呂上がりにヨガをする部屋。

POWDER ROOM

ここだけは少しモダンなテイストを残してもらった。もともとの私のエッセンスが残っている空間。キョロちゃんは家中どこにでも入ってくるが、ここの鏡の裏が特にお気に入りらしい。

右：照明はBOCCI(I4.5)で、階段吹き抜けのライトと同じブランド。

Home Sweet Home
CLOSET ROOM

AcneのTシャツ、REEFURのDenim。デニムは数十本、Tシャツも数はあるが、その他はだいぶ捨ててしまった。ヘビーローテーションなのは、この棚1段くらい。

こんなに扉があるけど、実は半分くらい空だ。
かなりの洋服を今も処分し続けている。
実は妊娠してから、洋服に関しては迷走して、3年間くらい、今までにないタイプの服をたくさん買った。
何か似合ってなかったりしっくりこなくて、デザインや素材を変えてみたり、ずっと悩んでた。何が自分なんだろうと考え続けていた。

今、この家と私の洋服は同じ空気を吸っている。
できるだけシンプルにと、たくさん削ぎ落としたら必要なものだけが残った。
家と同時に、しっくりくる自分が見つかった。
物がたくさんあってどんどん買い続ける、という洋服だらけのスタイルには、
もう憧れがないのだ。……と、思ったら、今まで着なかった若々しいオーバーオール
が着られるようになった。そんな、ラフな遊び心を今後は大事にしてきたいと思う。

Home Sweet Home
CHILD ROOM

子ども部屋は、家の中で唯一、陽気な空間。
大きな地球儀や大きな木が部屋の中にあるって小さな子どもにとっては、きっと楽しいと思う。できればクリエイティブな仕事についてほしくてこういう部屋が何か影響与えるかしら。
絵本はビジュアルで選んで置いてるけど、今はまだ車のタイヤや洗車にしか興味がない……。
おもちゃは、戦うものは置かないようにしてるけど男の子だからいつかは通る道なんだろう。

深緑をキーカラーにした、男の子っぽい部屋。美術家ENZO氏による、オリジナル地球儀のライトが、天井から吊り下がっている。大きな木は、ハロウィーンやクリスマスには飾り付けを。息子が着ているのは、SINGBOIのTシャツ。

Home Sweet Home
SHOES ROOM

昔ならフレンチシックなものを置いていたと思うけど、今は他の部屋とのバランスを考えて、上海の骨董市場で購入したヴィンテージのライトにした。

これでもすごく整理したけど、比較的まだ靴はけっこう数があるので、靴専用の部屋がある。ここだけ紫と水色の壁で、ファッションっぽい雰囲気を残してる。あまり履かないものや季節が違うものは棚の上、しょっちゅう履くものと随時入れ替えをしている。

Hurry Up!

【ハリーアップ!】急いで! 急いで!

Like the Rabbit
in the Alice in Wonderland

私はいつも急いでる。
この自転車みたいに、いつもピコピコ頭が回転してる。
せっかちでフル回転してると、わー、どんどんやることが増えてきた〜〜〜〜!!!!

rental bike: NYC Bike Share

Ideal

【アイディーアル】理想。願えばきっと叶う(時もある、と信じて)。

The Best is Yet to Come

そんなせっかちな私の理想は、もう少し落ち着いて人間らしい生活を送ること。
ごくごく普通のことをきちんとやりたい。
きちんとゆとりをもってご飯を作りたい。理想は主婦業をもっと増やしたい。
自分と向き合うことが多い主婦業は、いろんな気づきがあると思うから、
仕事に結びつくことも多くてスキルアップする気がする。
主婦業がちゃんとできると、次のステップに行ける気がする。
いつかそんな日が来ると思う。必ず近いうちに。

denim shirt: L'Appartement DEUXIEME CLASSE

If...

【イフ…】現実ではないが、仮定してみること。

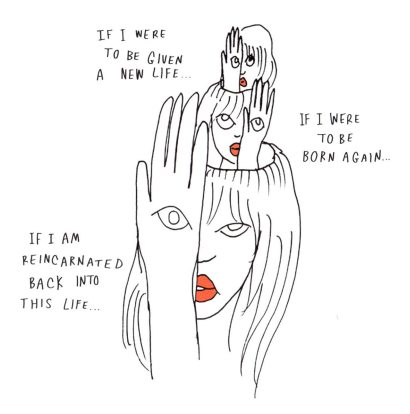

If I were Not Myself

もし……生まれ変わったら……
小さい頃は、お花屋さんか、保母さんか、レジ打ちの人になりたいと思ってた。
今は、料理上手な女がいい。
もし……生まれ変わったら……
職人さんに憧れる。ひとつのことに向き合う姿勢が好き。
子どもが職人さんになるといいなあと、実はひそかに思ってる。

It is again born from here.

Instagram

【インスタグラム】誰でも簡単に写真を撮って加工してSNSで共有できるアプリ。

INSTAGRAM

"@rinchan521" follow me!!

My Best Tool
for Connecting to the World

写真が好きだからインスタも大好き。自分のページでは写真の並びも気にしてます。
ブログより手軽で、スピードが大事なツールだと思う。
毎日写真撮りまくるので、いつも容量がパンパンなの。
うまく撮る秘訣?そーだなー。
たとえば同じ空を見上げても、本当に心から「この雲がすごい!美し過ぎる!」
と思った人の写真が一番人を感動させるんじゃないかしら。

「RINCHAN521」2015年3月時点のフォロワー数:795.000人

Jewelry

【ジュエリー】古くは宝石にはお守りとしての力があると信じられていた。

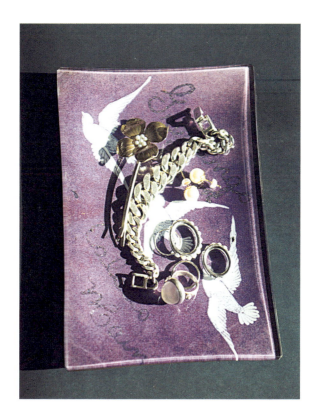

Jewelry, Fits to My Skin

"すべてが一体化しているか勝負"なので、私はよりプレーンなものを選びます。
服によってジュエリーを変えるよりは、
いつもつけて肌になじませることが大事なの。

hair pin, pearl ring&pearl pierce: Chang Mee, bracelet: BUNNEY, pinky ring: Indra Man Sunuwar

Joker

【ジョーカー】切り札。時にピエロや死神。それまでの常識の外にあるもの、力。

hair accessory: vintage

Am I a Joker?

理想と現実は常に違う。
夢と希望が叶わず、打ち砕かれることがある。

雑誌が大好きだったので、モデルの仕事を始めてからずっと、
雑誌のカバーを飾るのが夢だったけど、有名なライバルたちが活躍するなかで、
なかなかそう簡単には回ってこなかった。
どんなに頑張ってもカバーになれない……でも気持ちを切り替えて
私はとにかく、いっぱい出よう！と思った。
「雑誌のページを開くとどこにでもいる！」というモデルになろう、と目標を変えたの。
たい焼きの尻尾(しっぽ)まで餡子(あんこ)が入ってるように(?)
雑誌の最後のページまでずーっと登場してる、みたいなね。
自分の理想はあるけど理想の場所ではなくて、人に求められて花開く場所
というのがあると思う。そこで結果を出したら次が待ってるかもしれない。
私は駆け出しの頃"読者推し"のモデルだったの。
編集部や事務所が「この子をぜひ」ということではなく、
いつも読者の人に推されてここまで来た。
そして、読者の声のおかげでカバーを飾ることができるようになったの。

『No.22』を出した時は、自分でも少し覚悟した。
「こういうのが売れるんだろうな」というセオリーとまったく違うものを
出そうとしてたのはわかっていた。
売れたよ、という声は一番の自信になるし、手応えがあるという喜びがある。
皆が求めてるものを提供したいと思うし、皆の笑顔を見たいと思うの。
でも、皆の期待と数字は違うし、どうしても自分の理想の形、
後まで残る作品を作りたかった。それにはとても勇気が必要だった。
そして数字よりも、完成した喜びの気持ちが全然大きかったの。
作りたいものと求められているもののバランスは、とても難しい。
皆が求めてくれるものがわかるからこそ、それは大事なこと。
私は今、本当の意味で、自分に正直な仕事をしだしているんだと思う。

Kate Moss

【ケイト・モス】イギリスのファッションモデル。世界中の有数なファッション誌の表紙を飾る。

She is the Legend

どこが好き？って言われるとよくわからないんだけど
こんなに引っ張られるんだから、やっぱり凄いなあ。
好きな写真集や雑誌を見てると、ケイトにたどり着いちゃうの。
ファッションとしてもアートとしても成立してる人。
ケイトの周囲にも才能が集まってるんだよね。
だから彼女のビジュアル表現が全部好き。

Kate Moss original print: Bruce Weber 撮影、ギャラリー ELEGANCIA@Paris にて購入

Kids

【キッズ】「育児は芸術である」(『キャプテンハーロック』より)

My Son is My Treasure

子育てで大切に思ってることは?と言われたら、
「自分が本当に好きなものに出会ってほしい」、この一言のみ。
これまで私が生きてきて、それがそんなに簡単なことじゃないと知ったから、
なおさら、自分が本当に好きなものに出会えることの幸せを願う。
人生の苦労なんて、その出会いの喜びの前には吹っ飛んでしまう。
そのためにいろんな経験をさせてあげたいし、環境も整えてあげたいと思う。
ひとつでいい、何か人生のヒントになるアイテムをあげられたらな、と思っている。
親としてできることは限られていると思うけど、
私もとことん向き合う覚悟はできている。

Son's T-Shirt: Singboi

Kids

Hi Ladies, Let's Talk about Your Lovely Kids!

Q1 習い事は何をさせてますか？
A サッカーと右脳教室。

Q2 妊娠・出産して息子さんに教えてもらったことはなんですか？
A 我慢。

Q3 今現在の育児の悩みはなに？
A もの投げちゃうの。…………涙。でもこのiPadケースは投げても壊れないから便利。ひとりで動画を見て遊んでくれてます。

Q4 これだけは守らせていることは？
A 「ごめんなさい」「ありがとう」を言うこと。自分でやったことを自分で片付けること。

Q5 息子さんを見て、あ、やっぱり私の子だな、と思うのはどんな時？
A なかなか折れない時に「ああ、やっぱり…」と思ったりします…。

Q6 息子くんにとってどんな母親でいたい？
A いい理解者であり、かあちゃんのメシうまいなあ、と思ってくれれば…。

Q7 お子さんを叱る時はどんな叱り方をする？
A 手首ぐっと掴んで、声のトーンを下げて、目線も下げて、絶対ダメなものはダメ！あ、いつものママと変わっちゃった…と思わせる。本当は3歳までは叱らないって決めてたんだけど、2歳半頃から叱るようになったの。違うものは違うと言わないといけないので。謝らないと絶対に許さないし、ダメなことはダメなんだとわからせる。回数は多くないけど、「絶対の時は絶対なんだよ」と3歳になったことだし、ダメなことはダメって絶対許されないことがあるということはわかってもらう。

Q8 パパとママ、どっちが怖いの?
A パパはもともと優しいし、私はもともと迫力あるからね…。すごく怖いと思うよ。でも片方が叱ったら片方はじっと我慢。パパが叱ってケツピンしてる時、ママはかばってあげたくても、じっと目をつぶって我慢我慢。せっかく叱ってくれたのを無駄にしたくないからね。時間経ってからハグしてあげます。

Q9 息子くんとの向き合い方で一番気をつけてることはなに?
A もう、真っ向勝負しかないね。決して目をそむけないこと。もちろん、時には見ないふりすることも必要だけど、私もこれからいろいろ勉強だわ。

Q10 子育ての参考書はなに?
A 片っ端から読みあさったんだけど、本によって正反対のことが書いてあったりするでしょ。でも、80歳のおばあさんが書いた本で「ごはんは真心込めて、手間ひまかけて与えなさい。特に朝ごはんが大事です。そうすればすべて大丈夫」と言って、その本は信じてる。素朴で当たり前の意見にハッとして、大事なのはシンプルにこういうことだと思ったの。

Q11 オススメの絵本教えて。
A 右は息子が最初に夢中になった本で、左は最近大好きな本。子どもってなんか丸いものが好きなのね。いつもリズムつけて声の抑揚たっぷりに読んであげてます。いかに気を惹かせるか!書いてない擬音とかもどんどん混ぜちゃう。

Q12 忙しいのにどうやって子どもと会話する工夫をしてるの?
A 私がお風呂が好きだから、お風呂でのコミュニケーションはとても楽しいの。子ども用の入浴剤もいろいろあるし、お風呂用のKUMONのひらがなカードで会話したりして2人の濃密な時間なのです。

Q13 息子くんのごはんで気をつけていることある?
A なるべくお米とお味噌汁を多くしてるけど、何度となくココロ折れそうになった。もうムリー!!と思ったら、車の中で2人でパン食べながら出勤!いい加減なんだよね。でも、母親が完璧を求めてギスギスしてるより、適当でも穏やかな方がいいかなと思って。

Q14 もしも…だけど、子どもがいじめにあったらどうしますか?
A すぐにでも助けに行きたいけど、年齢によっては子どもだけの世界もあると思うので、様子を見るかもしれない。子ども同士で解決しなければいけない時もあるし、親が出ていくべきタイミングもあるかもしれない。難しいと思う。

Q15 旦那さんと子育ての分担はありますか?
A 特にないかな。もちろん、力仕事とかは任せるけど、それぞれが必死にやってる、という感じ。できる時にできる人がやってると思います。

Q16 子どもが生まれる前に戻るなら何をしておきたい?
A もう少し旅行しておきたかった。

Q17 お母さんになった、というのはどういう感じ?
A この世に自分より大切なものができたんだ!という事実に感動した。

Knit

【ニット】ほどけかけの毛糸玉とネコは常にセットで陽だまりにいる。

Nice and Cozy Knits

夏はデニムとTシャツ、それが冬になるとデニムとニットになる。40代以降の女の人がタートルネックを着てると、女っぽく感じることがあるの。基本的には目が粗くて首が詰まってないリラックスできるものが好き。このPRADAのニットはまだ買ったばかりなので、これから何年もかけて自分の肌になじませていきたい。その服をたくさん着て、何年も着て、自分の気持ちになじむようになること。それが私のファッションスタイルでもある。

knit: PRADA

Lately

【レイトリー】最近。近頃。近況。「どうよ?」

What's up?

最近よく思うこと。
"あるべき自分の姿"が、だんだんと今の自分と重なってきたと思う。
それが自分で少し心地いいと思う。ようやく最近、なんだけどね。
描いていた自分の姿にようやく近づいてこれたように思う。骨組みがやっとできた感じ。
ここから肉付けして、整えていく。スタートに立てた。いろんなことが整ってきた。
モデルとしても、母としても、女としても。

stocking: GERBE

Leopard

【レオパード】ヒョウ。ヒョウ柄のこと。黄色や白地に不規則な黒斑点の模様。

GRRRRRR!

ええ、レオパードが派手なことは存じております。
ヒョウ柄に真っ赤な口紅の女……なんて、ある種の典型的な女性像だもんね。
でも、私のなかでは定番で、ボーダーと同じように、
デイリーでベーシックなものなの。小道具としてもこれだけで気持ちが上がるでしょ。
ヒョウ柄＆無地T＆デニム、みたいなバランス感覚が大事で、
何よりも自分になじませないとダメ。年齢や体型から「そんな格好できないわ」とか
「お母さんの格好じゃないし……」と消去法で消すよりも「こういうのが好き」という
ポジティブな発想で洋服を選びたいよね。もちろん大人のTPOはわきまえた上でね。

Paris, Café de Flore にて

2014 Paris, iéna station にて撮影

Leopard

GRRRRRR!

モノトーンなシンプルスタイルでもレオパードの帽子やバッグを一点足せば、全体が一気にビビッドに。

家の中もレオパードだらけで、自慢はレオパード顔の陶器入れ物（Quail Ceramics）。物選びのポイントは、質の良いものを選ぶこと。そうでないとすぐに下品な感じになっちゃうからね。

自分のアニマル度もあがって、元気でお茶目な気分に。クマなのにヒョウ柄っていうぬいぐるみ（Jellycat）がお気に入り。

レオパード柄の写真集発見！オブジェとして部屋に置いておくだけでもインテリアのアクセントに。

存在感満点のファーマント（me&me couture）、ミニポシェット（SANTI）やヒョウ顔スリッポン（Charlotte Olympia）みたいな小物使いまでいろいろ。

Leopard is wild and sexy

> The king of animal for me. Always with me

旅のお供にも必ず1枚はレオパードを入れておく。2014秋冬のヘビロテアイテムだったリーファーのフェイクファーコートはパリでもロンドンでも大活躍。サンローランのパンプスは赤黒にリボンというガーリーさが珍しい。

こんなセクシーな下着（FIFI CHACHNIL）、見てるだけで楽しくなっちゃう。さすがはフランスの下着メーカー。

The essence of my style

グッチのシグネチャーであるビット付きブーツも、ヒョウ柄になると個性的。レオパード柄ファーにバックパックというのも、カジュアルなのにチャーミングでしょ。

Make me feel warm

こんなヘアゴム（Jennifer Ouellette）なら手首につけたときだってかわいい。リーファーでレオパード柄ブランケットも作りました。

Life

【ライフ】人生。生きること。それがすべて。

2014 Autumn, ACE HOTEL LONDON SHOREDITCH 朝5時の風景

Life is Life.
Fight for It

人生楽ありゃ苦もあるさ。(©水戸黄門)
そう。人生、捨てたもんじゃないよね。
がんばったらがんばった分だけ報われる。
と、私は信じてる。絶対にね。

Line

【ライン】線。または昨今、大人気のSNSアプリ。

Walking on the Wild Side

昔、仕事が本当になくなった時期があって、ひとりで沈み込んでたら、
親から「挨拶だけはちゃんとしなさい」「そして散歩してきなさい!」と言われた。
えーっ!と思ったけど、でも言われた通り、散歩してた。
その時の私にはあまりわからなかったけど…。
散歩、挨拶みたいな当たり前のことって、生きる上では基本だけど
大人になるとますます、基本がこんなに大事なのかと思うことがあるんです。

敷かれたレールを走っている人生、とはとても思わないけど、むしろ
レールからはずれた人生、のような気もするけど、ある時は決められたことを守り、
ある時はあえて決められたことからはずれる。それが大事な気がします。

shoes: Dr.Martens

Lingerie

【ランジェリー】女性の下着に対するこだわりに、だいたいの男は無関心である。

Guys Don't Know
How Much Girls Care About

ランジェリーは気分を左右する大事なもの。私が愛用してるのは、ハンロ。
長年使ってるけど、本当に無駄がございません。
シンプルだけど野暮ったく見えないし、チラっと出てても
「下着が見えちゃってる悲しさ」がないでしょ。
そういうことを気にしないでいられるし、気にしないでいたいから。

lingerie: HANRO

Lip

【リップ】「魅力的な唇のためには優しい言葉を紡ぐこと」by オードリー・ヘプバーン

Kiss Kiss Kiss

とにもかくにも唇は"潤い"が命。
唇が潤っていて、ヘルシーな血色を感じることが一番大事だから。
かさついてたら、リップの色にこだわるよりは、とにかくバームを。
どんな色を選ぶかは、メイクイメージに合わせて、むしろ自分自身を
自在に染めていきたいので、その時次第で楽しみたい。

NARS STOURHEAD SATIN LIP PENCIL

1. CANDY RED

DIOR
ADDICT
FLUID
STICK
PANDORA

2. CLASSIC RED

NARS
CARMEN
AUDACIOUS
LIPSTICK

3. PURE RED

RMS
BEAUTY
BELOVED

1. 気分を上げて、モード感だして
発色のよい赤は、ポップな印象に仕上げる。キャンディのようにきれいな色を楽しみたい。
唇より少しオーバーするようにべた塗りで。口を尖らせた状態で塗ってもキュートに。

2. 女に生まれてよかった、という赤
スクエアのリップブラシで、山をきっちりとつくり、両端もシャープに描いてみた。
クラシカルな赤だとレディになりすぎちゃうけど、
青みのある深い赤なら、媚びないかっこいい大人の女性像に。

3. ラフに、ピュアに、ナチュラルに
唇の真ん中だけに、口をすぼめてグルグルッと指でのせる。はみ出してもOKで、
赤い実を食べて色がうっすらと残ったかのような、そんなピュアな色合い。
あえて両端は塗らないで。チークとリップ兼用に。

Love

【ラブ】愛。以上っ！

To Love is to Give,
To Give is to Love

どんなに恋愛してる時でも、結局は自分が一番大切だと思ってた。
当時は恋愛依存症だったけど、それでも自分が一番だという人生をずっと送ってきたと思う。
子どもを産むと変わるよ、と言われても
産んだ後に自分がそう思えなかったらどうしよう、と正直、不安はあった。
でも、こんな私が子どもを産んでみてわかったことは、
恋愛よりも責任があって、絶対なものがあるということ。
愛なんてわかんないと思ってたけど、今はなんとなくわかる気がする。
自己犠牲なんて教科書で知って以来、自分には無関係な言葉だったけど、
子どものためには、自分よりも何よりも……と思うことがある。

hat: REEFUR, sunglass: BALENCIAGA

Maison de Reefur

【メゾン ド リーファー】梨花がディレクターを務めているブランド。代官山にショップがある。

Where My Style Idea Comes True

メゾン ド リーファーは私自身でもあるけど、
私が愛する人たちがこうあったらいいなあという夢でもあるの。
私はラッキーガールで、時代と人に恵まれてここまで来たけど、
もっともっと自分の理想を追い求めて素敵な世界を創っていけたらと思います。

https://www.maisondereefur.com
東京都渋谷区猿楽町24-7 代官山プラザビル 1F tel: 03-3461-0921

Make-up

【メイクアップ】3分間メイクでも、女は変わる。イメージさえ持っていれば。

1. ベースはシンプルに
サンケアのクリームでベースを。私はこれ1本でOK。ジェルタイプなので軽く指でなじませて。〈HELIOCARE ULTRA SPF90 GEL 90・+++〉
たまにリキッドミネラルファンデを使う時もある。美容液を兼ねたファンデーション〈LIQUID MINERALS / jane iredale〉

2. アイブロウで眉毛を足す
リキッドタイプのアイブロウで眉を足す。ただし、眉頭から眉山のちょっと手前まで。眉尻に向かって足すと男顔になるので、あくまでも足す感じ。自分の眉に近くなるように、リキッドタイプのみずみずしい感じがいい。〈LIQUID EYEBROW GY002 / ESPRIQUE〉

3. コンシーラーで調整
コンシーラーを指にとり、目頭下の窪みにのせて、少しずつなじませる。クマを隠そうと意識しすぎて目の下全体に入れたりすると、腫ぼったく目が小さくなっちゃうからダメ。一部分だけにね。〈アンカバーアップ II / rms beauty〉

4. アイシャドウは軽く
あまりシャドウは使わないけど、最近、目尻が少し下がって見えるのが気になる時に少しだけ塗るようになった。上まぶたに色を入れて、目のイメージを少し引き締める。〈アイポリッシュ ソーラー / rms beauty〉

5. マスカラで強調
睫毛の根本にマスカラをギュギュッと押し付けて、細かく震動させる。睫毛に沿って流すのではなく、私の場合、あくまでもアイラインの代わりに目のラインを強調させるためのもの。〈MASARU MASCARA / blanche étoile〉
＊目が下がって見える時は、たまにビューラーも使うようになった。目のラインを上げる効果を考えて。

6. チーク&リップ
練りチークを頬の高い位置になじませる。指に残ったチークは、唇にのせてリップ代わりに。口紅などで唇の輪郭を描くことはしない。余ったチークを、唇の真ん中あたりにポンポンと軽く指で叩く感じでOK。〈リップチーク デミュア / rms beauty〉

最後に。
シンプルだからこそ「このメイクで問題なし!」と思えるような肌状態が大事なの。コンディションが悪いなら、肌のためにはメイクはやらないほうがいい。肌の調子がいいことが、シンプルメイクの基本です。

Some Tips to Get Beautiful Look, 3 Minutes

自分でささっとやるいつものメイクは、時間にしたら3分弱。
私の顔のパーツを輪郭を取るみたいな感覚で、少し強調するだけ。
まったくないものを足すってわけじゃない。
それをやったら、メイクがどんどん自分の顔から浮いちゃうから。

Memo

【メモ】記録。記録することと表現することは、密接な関係にある。

To Organize My Idea

メモ魔です。
いつも細々と気がついたことを書いてます。
だから手帳にはフセンがいっぱいです。
毎年、年始には子どもみたいに「今年の目標」を書くの。
恥ずかしくて人には見せないけど。
今年の目標は……人間力アップです(!)

datebook: HERMÈS

Message

【メッセージ】伝えたいこと。先輩からのメッセージは後輩に伝えていきましょう。

Be Confident, Be Positive, Be Happy, Be Thankful

若い人へのメッセージ。
10代20代のうちは、失敗しようが何しようが、とにかくたくさん経験したほうがいいと思うよ。
深く自分のなかに潜って、ギリギリまでとことん頑張るのが若い時の特権だから。
恋愛の失敗こそ若いうちのほうがいい!
でも、30代になったら、多少、優先順位が明快になっていかないとね。
やみくもに失敗ばかり繰り返すのではなく、大事なこととそうでもないことを見極めて選ぶ。
そして、自分のしたいことが見えていくといいよね。
とにかく悔いのない人生を。

coordinator Hiromi Otsuka House@Paris にて撮影

Military

【ミリタリー】ミリタリーファッション。軍隊のユニフォームにインスパイアされたテイストのこと。

Strong But Sexy

なんでこんなにミリタリーが好きなのかな。
ミリタリーを着こなしてるしなやかな女性像、みたいなものが好きなのかもしれない。
特にカーキは硬すぎず柔らかすぎず、黒い色より私の肌になじむ気がする。
メンズっぽい感覚を着た時にほんの少しだけ女っぽい部分を意識することもあるの。

jacket: SAINT LAURENT, denim: REEFUR, shoes: NIKE

Monday

【マンデー】月曜日。"憂鬱な月曜日"を"Blue Monday"と言う。

Monday Blue? Not At All!

月曜日は私の自由時間。
パパが子どもを送り迎えしてくれる日。
私は思う存分、自由を満喫する。
といっても、ほとんど仕事してるんだけどね。だから思う存分、仕事ができる日。
月曜だけは友だちと外で夜ごはんも食べてきていいの。
月曜日なんて嫌い、という人もいるけど、私は大好き。
月曜日は私の自由時間。

サザエさん症候群：ブルーマンデー症候群の一種。
日曜夕方「サザエさん」を見た後に月曜のことを考えて憂鬱になり体調不良を起こす症状。

Morning

【モーニング】朝。もしくは男性漫画週刊誌。

毎朝、私は目覚ましなしで目を覚ます。
まず、シャワーを浴びて、お風呂で好きな香りに包まれて体と心をシャキンと。
次に、その日の私の女性像を考えながら、クローゼットでデニムを選ぶ。
少しやんちゃな自分？コケティッシュな自分？それともエレガントな自分？
私のファッション美学のエッセンスは、毎朝のデニム選びなのだ。

下着はほとんど黒のハンロだけど、白を選ぶ時は「!」
レースのヤスミン エスラミを選ぶ時は「!!」……ちょっと特別な気分。
そして重めのブーツなのか、華奢なフラットシューズなのか、
最後の靴選びで本日の女性像は完成。
こうして私の1日が始まる。

Mother

【マザー】母親。「女は弱し、されど母は強し」by ヴィクトル・ユーゴー

Women are Weak,
But Mothers are Strong

どんなに忙しくても、仕事に夢中になっていても、毎朝、息子がベッドで目を覚ました瞬間には、
必ず隣にいてニッコリ笑って「オハヨ!」と言ってあげたいと思う。
人間は一瞬の相手の表情でとても傷つくことがあるでしょ。
私は昔、ボーイフレンドに甘えたかった時に「ねみーよ」と言われた一言で
すごく傷ついたことがあったのね。
自分が傷つきやすいから、子どもも傷つくんじゃないかと思う。
彼には絶対にそんな思いをさせたくないの。

NYのホテルにて息子と。

子どもを産んで私は変わった。
強くなったし、やりたい、がんばりたいと思う課題が増えた。
そして今までお世話してもらうことが多い立場だったけど
誰かのために無償で何かをしてあげることを知った。
「育児」は「育自」というけど、本当に自分が鍛えられるのね。

熱海の温泉にて息子と。

Muscle

【マッスル】筋肉。「脳筋」とは「脳みそまで筋肉」の略語。

Shape Your Inner Muscle

ヨガやトレーニングで少しは鍛えてるけど、一番筋肉つくのは育児かもね。
人生の筋肉もつきました。
健康のため、美容のため、女性も筋肉をつけましょう。

2014 Summer, Santa Monica Muscle Beach にて撮影

Muscle Man Profile

name: Bishoy Hanna (Bishoy's Gym)

birthday: 1986/09/30

living place: Venice Beach

award-winning: 2005 INBA Natural universe

2010 Natural Olympia contests

Myself

【マイセルフ】「自分探しの旅」を続けても、自分自身は見つからないことが多い。

What is Rinka?

私らしさとは何か？をいつも考える。

lingerie: Chantal Thomass

Who is Rinka?

「それは私ですか?」っていつも思う。

Nail

【ネイル】女性が無心にネイルを塗る時間は、すべてが止まる。

Time for Nail is Beautiful

爪は短く切りそろえて、両手同じ色を1色だけ塗るのがポリシー。

家事をするからジェルネイルは手にはしない主義。

昔は小さめの爪が嫌いだったけど、いまはちょこっと色がのってる感じが好きになった。

フレンチネイルにはピッタリだしね。

定番は、赤とグレー。ピンクとかボルドーも好き。

DANCE DANCE DANCE NAIL POLISH/NARS
LA LAQUE COUTURE ROSE SCABIOSA/YVES SAINT LAURENT
LE VERNIS 645 PARADISIO/CHANEL
NAIL POLISH Jazzy Gray/ADDICTION
NAIL LACQUER PLUM NOIR/TOM FORD BEAUTY

Next Step

【ネクストステップ】現状に区切りをつけて次の段階へ行くこと。

Step by Step, Not Jump Around

あの頃は毎日、朝が来るのが怖かった。
人付き合いが苦手で、決して社交的ではないのに必死に頑張ろうとしてた。
TV局の廊下で知り合いと会ってもうまく挨拶できない時期もあった。
無視されて傷つくのが怖いから、前から誰か来るのが見えたら
慌てて靴のヒモ結ぶふりをしたり……、もう廊下で靴のヒモ結びっぱなしだった。
でもいろんなことがあり、子どもが生まれて、ママ友ができて、
人付き合いを楽しめるようにまでなった。年齢を重ねていろんな経験をして
自分に自信が生まれて、ようやく自分自身を愛せるようになった。
やっと今、川を渡れた気がする。
さあ、次のステップへ。

2014 Winter, SHANGRI-LA HOTEL@Paris「Eiffel View Suite Room」にて撮影

No.22

【ナンバー22】2014年5月に出版した、梨花の22年間のモデル人生の総決算。

A Compilation of My 22 Years Model Life

22年間やってきて「作品」として残せるものが欲しくなって、この本を作ったの。
ドラマや映画作品に出るわけでもなく、時代の流行とともに生きてきたので、
ふと自分に対して消耗する感覚を感じた。
自分が今までやってきたことをきちんと形にして残しておきたかった。
丁寧じゃない生き方をするのはもうやめたかった。
この本は自分に対する、そんなけじめのつもりで作りました。

『NO.22』: モデルとしての22年間を総決算した写真集。2014/5 SDP発行

O Type

【オー・タイプ】O型の人は蚊に刺されやすいが、その原因は解明されていない。

We Are the Tribe Called "O-Type"

周りの人には「B型でしょ!?」って言われるけど、自分では本当に「O型だな〜」って思うよ。
たとえば10のうちの一点にだけ神経質だけど、残りの9についてはどうでもいいの。
ホント、大雑把。でも、その一点については絶対譲れないし、徹底的にこだわる。
そういう人はワンマンに見られがちで、一点重点主義を理解できない人に対して
クールだから、人に嫌われることもあるのかもね。
人の上に立つ人って2種類あるっていうよね。自分の感覚を信じて突き進む
リーダーシップの人と、周りの人にもり立てられて組織で動くのが得意な人。
戦国時代の武将って、どんなに強くても裏切られて殺されたら即おしまい！という
究極の状態だから、織田信長のようなタイプよりも、
実は自分では何もできなくても周りに支えられてるタイプの人のほうが正解だった。
今の時代はまた違うと思うけど、考えさせられるでしょ。
あれ、血液型の話から逸れちゃった……。

One-Piece

【ワンピース】上下一体の女性の服、もしくは海賊たちが活躍する人気少年漫画。

Girls Love
One-Piece Forever

ワンピースにはいろんな思い出があるの。トラウマも、大切な記憶も。ワンピース自体は女の子としての可愛さのアプローチだと思うけど、昔から可愛いよりもかっこいい女性に憧れていたので、若いモデル時代、本当はパンツスーツが着たかった。でも身長が低いので自分らしさが出せるのはワンピースだったのね。コーディネート考えなくていいから楽ちんだけど、ワンピースを着るだけでイメージが固まってくるのはつまらなかった。自分の好きなものと似合うもの、一番ギャップがあったのがワンピース。でもそれを受け入れることも必要だなと思ったし、いつの間にか好きになったりすることもあるよね。今はちょうど自分のなかでバランスがとれてきて、ようやく心地よくワンピースが着られるようになった。大人のワンピースを表現していきたいです。

dress: blugirl

Pearl

【パール】真珠。男性の部屋で片方だけパールのピアスが発見されると、ドラマが始まる。

An Accessory for
the Sophisticated Ladies

実は、パールは40歳にデビューしようと思って、ずっととっておいたアイテムなの。
(若い時から、バーキンやカルティエの時計も30歳になってから……と思ってた)
でも、39歳の時にチャンミーのパールに出会っちゃったので、ちょっとフライングして
つけ始めたんだけどね。女っぽい服に女っぽくパールを身につけるのもいいけど、
ボロボロのデニムをはきながらつけるパール感、が好き。真っ白ではなく、チャンミーのように
少し肌になじむような、ニュアンスがあるパールが私にはしっくりくる。

pierce: Chang Mee

Perfume

【パフューム】香水、もしくは広島出身の女性3人組の人気ユニット。

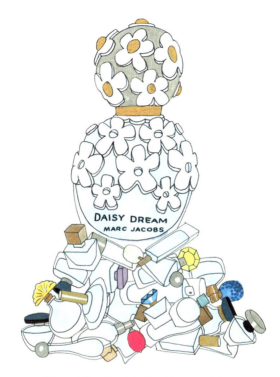

For My Self-Satisfaction

高校の時に授業が終わったら毎日必ず、シャネルの香水COCOをつけて、
シャネルのピンクのネイルをつけてた時期があった。
周りにもかなり匂ってたと思うよ……。放課後の自己満足だったの。
これが大人の女なのか、と背伸びしてたんだよね。妄想癖が強くて、ひとり遊びしてたの。
自意識過剰で人の目が気になってしょうがなくて、いろいろこじらせました……。
今、香水はそんなにマメにつけるほうじゃないけど、
私にとっては自分の気分をシフトチェンジさせるためのもの。
香水をつける＝女性らしさの象徴でもあると思うので、
女っぽい気分を楽しみたい時につける。お気に入りのデザインのボトルも大事ね。

MARC JACOBS PERFUME「DAISY DREAM EAU DE TOILETTE」

Pink

【ピンク】小さな時から男の子は水色、女の子はピンク。大人になってもピンクはピンク。

Think Pink

ピンク色は女の子の特権。物心がつく小さな子どもの時から、女の子はピンクが好きだ。部屋も洋服も雑貨小物もピンク、ピンクのフセンにピンクのペンでメモ書きをする。でも、子どもには子どものピンクがあって大人には大人のピンクがある。これから先は、Think Pink！(物事をよい方向に考えるという意味)

hot dog shop: PINK'S Hot Dog@Los Angeles

Playmind

【プレイマインド】遊び心。一生、子どものような無垢な遊びゴコロで。

2015 Winter, on the Corner of the Garden

Don't Forget Playful Mind

本日はちょっぴりウサギの気分なのです。これを着た時の、この気持ちは何歳になっても忘れたくないわ♡

Professional

【プロフェッショナル】ある分野の専門家であり、ストイックに結果を出す人。

My Profession is "Rinka"

私は、単に服を着るだけというモデルはイヤなの。
それだけじゃスイッチが入らない。
いつも、洋服を着ることによって表れるマインドを大事にしたいと思っています。
この服を着る女性のアティテュード、気持ちの動き、"女性像"を表現したい。
それが、梨花という名前のモデルだと思うから。
私にとっての撮影準備は前日から始まっていて、お風呂で肌の調子を整えたり
撮る絵の内容をシミュレーションしたりします。
複雑なシューティングの前日は神経質に考え込むから
家族はそおっと見守ってくれてる。
でも今の理想は、日常生活の延長として自然に撮れるようになることかな〜。
肩肘張らずにきちんと仕事ができる、という状況をそろそろ目指したいのです。

2014 Autumn, Paris にて撮影

Pure

【ピュア】純粋で混じりけがなく、大人の"事情"や"計算"が働いていない状態。

I Want to Be
Clean and Pure Like Water

自分自身が100%出したか、半分くらいしか気持ちが入ってないか、
結果は常に比例してると思う。こんなもんかな？じゃダメで、
エネルギーをかければかけるほどいい結果になる。と、信じてる。
このくらい稼ぎたい、とか数字のことを考えた瞬間、
私の運勢は下がると思ってるの。まっすぐな気持ちが一番強い。
すべて惜しまず出し切ること。為せば成る、為さねば成らぬ、なにごとも。

lingerie: STELLA McCARTNEY

Q&A

【Q&A】ある日、Instagramで「梨花に何か聞きたいことある?」と投げかけたところ……。

Now, Answer Your Question!

Q1 夜寝る前に必ずすることは?
A 冬は加湿器をつける。

Q2 睡眠時間は何時間くらい?
A 忙しい時は4〜5時間、寝られる時は9〜10時間!

Q3 1日の中で一番好きな時間はいつ?
A 息子を寝かせて、その日にやることを全部片付けてから、お菓子を食べながらTV見たり、iPhoneをいじったりしてゴロゴロしている時。

Q4 梨花さんの中での流行語ってありますか?
A "風味"。肌の風味とか、女らしい風味とか、よく使います。

Q5 子どもがいても絶対に譲れないことは?
A お風呂。

Q6 一番得意な料理は?
A コロッケ。

Q7 これは必ず冷蔵庫に入ってるものは?
A 卵と牛乳と納豆。

Q8 これだけは譲れないポリシーや信念はありますか?
A 自分にも他人にもウソをつかない。

Q9 今の自分を漢字1文字で表すとしたら?
A 溢(あふれる)

Q10 2015年はどんな年にしたい?
A 走り抜け、止まる。上半期は走り抜けて、下半期はゆっくりしたい。

Q11 今年挑戦してみたいことは?
A 英会話、主婦業、自分自身の時間を見つめ直したい。

Q12 男の子のママならではのファッションのポイントってある？
A 私、もともと可愛いものよりもカッコイイものが好きだったので、男の子を生んで、ああ、これでカッコイイ方向に行っていいんだ！って思った。おかげで、今までのものを気にせず、潔く切り捨てることができた。車も四駆に買い替えたしね。女の子だったらフリフリの服買って、自分もお揃いにしたりして、洋服だらけになってたかも。男の子を生んだおかげで、自分のモデル人生も変わったと思うくらい、影響は大きいの。

Q13 29歳の時ってどんな気持ちだった？
A 焦るよね〜わかるわかる（どの年代でも10の位が変わる時は焦るよね）。

Q14 10代、20代、30代、40代、それぞれ花にたとえるなら何？
A 10代：ひまわり、20代：ガーベラ、30代：バラ、40代：ゆり

Question The Public

Q15 自分の体で一番手入れしてるのはどこ？
A 顔とカカト。

Q16 どうしても辛くて悲しい時ってどうしてる？
A「もうやめる？やめられないでしょ？」って自分に問いかけてみる。やめられないなら、じゃあ頑張るしかないよね。

Q17 梨花ちゃんのパワーの源はなに？
A 自分が描く理想像に近づきたいと思う気持ちかな。

Q18 バラエティにたくさん出ていた頃のことを、どう思ってますか？
A そんな一時代も一あったねとー（以下略）

Q19 いつも決まって見ている番組は何？
A 日テレ『every』

Q20 梨花という名前は誰がどんな意味を込めてつけたの？
A 事務所の社長がデビュー当時につけてくれた。梨の花のように色が白かったから、ということで。

Q21 座右の銘があったら教えて。
A「がんばれば必ず報われる」

Q22 今の自分が嫌で変わりたいんです…。
A 本当に変わりたいのなら徹底的な断捨離。絶対に必要なものだけを残す。新しい物を100入れるためには100捨てなきゃダメなの。50捨てても50しか入ってこない。

Q23 センスを磨く一番のポイントはなに？
A とにかく最初はいろんなものを見ていろんなことを感じることが大事。雑誌、ネット、お店に行ったり、試着してみたり、街を見たり…。まずはそこからスタート！

Q24 何か大事な決断をする時は周りに相談するタイプ？ひとりで決めるタイプ？
A 両方どっちもです。

Q25 あの時こうしておけばよかった！と後悔することはある？そこからどうやってプラス思考にするの？
A 細胞から消す！…なんてことができればいいけどねー。まずは、後悔する前に後悔しないようにする。もし後悔しそうになったら「縁がなかった」と思ってスッパリあきらめる。

Q&A

Q26 今までの人生で最大の壁はなんだった？
A 妊娠にまつわるアレコレと、一時期、仕事がなかったこと。

Q27 2月に出産予定です。梨花さんは体型を戻すためにどんなことをしましたか？
A とにかく歩いてたかな。形から入る方なので、まず、ウォーキングウェア買って。元の体型に戻るように、イメージしてなりきることが大事！

Q28 家を建てた時の一番のこだわりポイントは？
A 自分が描く理想に近づけるような空間を作りたかった。

Q29 家の中に生活感を出さないようにするコツは？
A とにかく収納。そして常にきれいにしておくこと。子どもがいるからといって、子どもっぽい空間にはしなかったの。いつか大人になるしね。

Q30 子どもが欲しいけどできない。そんな時に自分に言い聞かせる言葉を教えて。
A 当時は神社巡りの旅にも出ました。そして「神様！きっと、今じゃないんだよね？」と自分に言い聞かせていた。「わたし的には今なんだけどなあ」なんてブツブツ言いながら海をよく見に行ってた。夕陽が落ちる瞬間に願い事をすると叶うって聞いたので。

Q31 毎日、仕事と家事でクタクタです。疲れがたまった時はどうやってリフレッシュしてるの？
A 簡単にできるのはサウナでリフレッシュ。とにかくお風呂ですべての邪念を流すの。ひとりになって身も心も洗い流す。そうすると、キレイになれてる気がするので自信もつく。あとは、子どもを預けて、友人と外食する、というのもアリかな。美味しいもの食べてたくさんおしゃべりするだけで、結構幸せな気持ちになる。私は、子どもができてからの外食って本当に特別だと思った。それまでは「ヒマだな〜。何かすることないかな」なんて思いながらランチしてたのが、小さな子どもを預かってもらって友人とランチに行くと、全然景色が違うのよね。もうね、代官山がパリに思えたよ！

A Answer RINKA

Q32 ちい(本名)から見た"梨花"とは？
A 大切に22年間育んだ同士みたいな感じかな〜。

Q33 梨花ちゃんがお子さんに一番伝えたいことって何ですか？
A とにかく自分が好きなことに出会ってほしい。ただそれだけ。

**Thank You
for Your Attention
&
Cooperation!!**

Rain

【レイン】雨。「虹を見たいのなら雨をがまんしなくちゃ」by ドリー・パートン

Switch-Off on the Rainy Day

雨の日は嫌い、大嫌い。
でもね、毎日が慌ただしいから、雨の日ってちょっとだけ立ち止まる気がするんだよね。
バタバタと公園に子どもを遊ばせに行くこともなく、今日は雨だから何もしなくていっか……。
少しクールダウンして、家で当たり前のことを当たり前にやる時間がいいのかもね。
雨が降ると、嫌なものが全部流されて一度リセットする気がする。
晴れてると活発に動き回るけど、雨が降るとビデオ見てゴロゴロしたり、
「ま、いっかー」のスイッチが押されて、ちょっとのんびりするのよね。

umbrella: ISOTONER, coat: courrèges

Relax

【リラックス】運動選手はリラックスした時が一番パフォーマンスが上がる。

The Best Time is the Relaxed Time

リラックスしたい時は必ずアロマキャンドルを焚きます。
アロマの香りは私を落ち着かせ、不安な心を取り除いてくれる。
深く深呼吸して、すべての雑念から解放されて素の自分に戻ります。

MAD et LEN(FIGUE NOIRE), KOSMEA(radiance serum)
Frantsila(Lavender), SHIGETA(River of Life), REWINED(RIESLING), CIRE TRVDON(DADA)

Rinka

【リンカ】梨の花。春に小さく可憐な花が咲き、満開になるとあたりに甘い香りが充満する。

The New Rinka Starts Here

「RINKA」はまだ始まったばかりの子だと思う。
『NO.22』でモデルとしての22年間をすべて清算したので今は新しいスタート地点に立っている。
これから新しい私が始まろうとしている。

ACE HOTEL DOWNTOWN LOS ANGELES Instant Photo Booth にて撮影

Rock Me

【ロックミー】感動させてよ、ベイビー。

shirt&denim: REEFUR

Like a Rolling Stone

ハンパなことは大嫌い！
誰にも私を止められない。
常に全力100％！

Secret

【シークレット】秘密。誰にも知らない自分だけが知っていること。

I Tell You My Secrets

シークレットにしてることなど何もないよ。
ウソは嫌い！正義は勝つ！

2014 Summer, CASA DEL MAR@Los Angeles プールにて撮影

Shopping Addict

【ショッピングアディクト】買い物中毒。ショッピングが大好きな人。

The Way to Refresh Myself

時間があったら買い物だ〜!
……とばかりにお店に駆け込んでいた昔とは、ちょっと変わってきたかもしれない。
ディレクターになってからは、純粋な楽しみとしての買い物より
仕事としての買い物が増えたかなあ。それでも買い物をすると心が躍るのは確かなこと。
女性にとって買い物は大事だよね。1つ新しいアイテムが
自分に加わることで、「自分が更新されていく感じ」がすごくいいと思うの。

purple shopper: LIBERTY LONDON

Sing a Song

【シング・ア・ソング】歌を歌うこと。鼻歌を歌う人は好奇心旺盛で想像力豊かなタイプらしい。

Sing Out Loud, Sing Out Strong

ふと気がつくと歌を口ずさんでいるの。学生の頃、授業中、自分でも気がつかないうちに鼻歌歌ってて「誰だ〜〜！」なんて怒られたりした。気分がイライラしてる時に気持ちを保つために楽しい歌を口ずさんでみたりする。いつも歌は私の隣にある。撮影の時にどんな曲をかけるかで、自分のスイッチが入るので、シューティング内容に合った選曲も大事なの。テンポとリズムを感じながら、その気分を表現する。でもなんとなくひとり遊びしてるみたいだよね。

jacket&pants: JOSEPH

Sixth Sense

【シックスセンス】第六感。理屈では説明しがたいが、物事の本質を見抜く感覚のこと。

Trust Your Feeling

昔から動物的な勘はあると言われる。でも、データを集め分析することも好き。
でも予言者じゃないし、当てようと思って当ててるわけじゃない。
ただ、好きなことと自分がいいと思ったことを迷わずやる。それも気合入れて必死にやる。
それが結局「当たる」ことになると思う。
自分自身が半分の燃焼なのか、それとも100%気持ちを入れてやってるかどうか、
結果はそれに比例すると思ってる。

映画『シックス・センス』1999年公開、ブルース・ウィリス主演、M.ナイト・シャマラン監督

Sunglass

【サングラス】日差しや紫外線を防ぐためと、ファッションアイテムとしての2つの意味がある。

Have Fun with Little Jump

実はサングラス歴は長いのです。
モデルの仕事はスッピンから始まるから、若い時からサングラスは必需品。
普段の洋服がスタンダードなので、サングラスは遊ぶほうかな。
顔の形に合うことは大前提だけど、黒だけじゃなく水色、黄色、カーキに赤……
けっこう、攻めた色もあるの。コーディネートの最後にちょっとだけポイントとして効かせる。
外出先で「あ？間違った？」とか思ったらその場ではずしちゃえばいいしね。

sunglass: VALENTINO

Sweet

【スイート】甘いこと。可愛いこと。甘いお菓子（主に洋菓子）。

Beyond the "Cawaii!" Culture

スイートでガーリーな20代、30代を駆け抜けてきた。
私が表現できる可愛らしさをひたすら追求してきた。
30代になってからの"オトナかわいい"女性像は私のキャリアそのものだった。
日本の文化はそもそも"カワイイ"が好きだからね。
でも、本当はもっといろんな価値観があるといいと思う。
私自身はスイートでガーリーな可愛らしさを追求するのは、もう違うかな……と思ってる。
これからは年齢を重ねた女性にしか表現できない、
人間としての可愛らしさを考えたいの。

donuts shop: RANDY'S DONUTS @ Los Angeles

Television

【テレビジョン】"お茶の間"＝大衆を表象していた巨大メディア。

A World of Entertainment

高校生の時にスカウトされて事務所に入ってから、最初は歌を歌わされたり
なんとなく受け身で自分でもよくわからないまま、この世界に入ったのね。
わからないながらも興味を持てたモデルという道を見つけた時、
あっ！ここだと感じた。昔から雑誌を読むのが大好きだったから。
わりとスタートからカバーモデルになるまではトントン拍子で順風満帆だった。
でも、そんなラッキーな時期が長く続くわけもなく、
やがて先が見えなくなり、袋小路にはまってしまった。
そんな時に、バラエティのお話をいただいたの。
女優、歌手、ラジオ…いろいろと挑戦してみたけど、
意外にもバラエティという世界にはまった自分がいた。
今の「梨花」ができあがるためには欠かせない経験だったと思う。
TVのお仕事でお茶の間に出ていけたことで、またモデルの仕事が復調して
いつの日か両方がうまくいくようになるなんて思ってもみなかった…。

そしてある日、私は決めた。
どちらか1つで十分だと。
そして新たにもう1つ、大事なものを見つけた。
家族というかけがえのないもの。

Trench Coat

【トレンチコート】軍用コートに起源をもつマニッシュなコート。

若い時に着てたトレンチは丈が短かったけど、最近は長い丈のトレンチを着るようになった。
トレンチコートの足元は、もちろん女性っぽい靴もいいけど、
最近はスニーカーを合わせることも多い。もともと男性のための(しかも軍用の)コートだけど、
私にとっては大人の女性のアイコンでもある。
何か女性像を表現する時に、象徴的なアイテムだから、今は若干"スイッチを入れて"着る。
トレンチに袖を通すと、シュッとした気分になる。これから年をとって、
スイッチを入れないでトレンチコートを普通に着られるように早くなりたい、と思うけどね。

trench coat: BURBERRY

The Way of Sophisticated Lady

Hat
Super Duper Hats のイタリア製ハンドメイドハットでスタイルの総仕上げ。気張らずにさらりとかぶる。

Pochette
茶レザーに金のYSLロゴが映えるサンローランのポシェットは、小さなサイズでかわいいアクセントに。

Sunglass
トレンチに大きめのサングラス、気分は限りなくフレンチ女優。最近のお気に入りは真っ黒のドリス・ヴァン・ノッテン。

Shirt
40代はツルピカ新品物でなく、使い込んだ味わいある物のほうが絶妙にかっこよく見える。Flank&Eileen のシャツは、洗いざらしの風合いがありながら高品質な素材だからこその大人の風格。

Perfume
フェミニンでありながら強さと美しさが奏で合うドルチェ&ガッバーナの「Dolce」。トレンチコート姿の大人の女からふわっとよい香り。

Trench Coat
「そのトレンチ10年着てるんじゃない?」というくらい、肌になじんだ感じが素敵だと思う。愛用のサンローラン。

Denim
穴あきデニムはバランスの良い物が見つからなかったからリーファーでオリジナルを作った。これぐらい大胆にブロークンなのが今の気分。

Bags
(左)ヴィンテージのエルメスのケリーバッグ、ダルメシアン柄のクロエのクラッチなど、キリッとした印象のバッグを合わせたい。
(右)エルメスのバーキン、キャンバス地コンビの肩肘はらない感じがちょうどいい。

Boots
(右)サンローランのサイドゴアブーツは、メンズライクで美しいフォルム。ベージュのバックスキンがトレンチの色合いにぴったり。

Unbalance

【アンバランス】調和がとれていないこと。まだ完成していない試行錯誤の状態。

Keep Yourself Up

自分のなかのバランスは難しいよね。
その人を本当に好きかどうかわからないのに、夢中に入れ込んだ時期があった。
気になってたまらなくて、依存して、悲観的な発想になって、何もかもダメになるの。
恋愛のアンバランスに悩み続けてた。
凹んでる自分をなんとかするには、凹んでる要素を取り除くしか方法はないのに、
私はひとりでずーっと凹んでたの。
自分が嫌いで嫌いで、いつか好きになりたいとずっと思ってた。
ハッピーでふくよかで強い女になりたい、というのが私の最大の願いだったの。
……そうしたら、強い女になりすぎちゃった！

Vest

【ベスト】女性衣料の場合、機能よりもファッションアイテムとして存在する。

A Vest for the Best

ベストが好き。
ごく普通のアイテムに、ひとひねりスパイスのように味を足してくれる。
ベーシックなチョッキタイプの他に、ファーのベストのように、
素材も色も柄もちょっとクセがあるのもいい。
今日はベストにしようかな……と、ベスト気分の朝があるの。
暑くもなく寒くもなく、中途半端な時期にちょうどいい、
そんなベスト独特の"存在感"もなんとなく好き。

vest: Maison Margiela, shirt: Frank&Eileen, denim: REEFUR

Voyage

【ヴォヤージュ】旅。「ボン・ヴォヤージュ！」=「よい旅を！」

suitcase: GLOBE-TROTTER SAFARI (White), GLOBE-TROTTER×LIBERTY (Purple)

Packed Tight and Neat

旅行に行く時の荷物はとにかくなるべく少なく！が私の信条。
その国によって違うけど、コーディネートもミニマムで
着回しの効くアイテムを厳選して持っていく。
あ、子どもの荷物は別の話ね。念には念を入れて山ほど詰めるので。
自分の洋服は最小限の代わりに、バスグッズはいろいろ用意して持っていきます。
いろんな国に行くといろんなことが起こるから、
気持ちだけでも安定していられるように、香りのものは特に大事。
部屋に着くとまずキャンドルなどの"セッティング"から始まるの。
その土地で暮らす気持ちになるためにね。大きなバスタオルに好きな香りを振りかけて、
それに包まれて眠るだけで温かい気持ちになれるでしょ。
外国のホテルだと、加湿器を頼んでおいたり、
タオルをびしょびしょに濡らして置いておくとか、とにかく乾燥には要注意。

Water

【ウォーター】「水に流す」「水と油」「立て板に水」「水商売」「水入らず」「誘い水」

I Simply Love Water

Water

水の中に入っているとすべてから解放される気持ちになるのは、
生まれる前の状態と同じだからなのかな。

固い地面じゃなくて浮いてたりひっくり返ったり。
大人の社会の規則や決まり事のない自由な世界を私は泳ぐ。

2014 Winter, Hawaii にて撮影

Weekly Breakfast

【ウィークリー・ブレックファスト】日々の朝ご飯メニュー。

MONDAY

和定食の朝ご飯

子どもには小さな時から和食を食べてもらいたいと思う。ご飯にお味噌汁に納豆が定番で、焼き魚と煮物を添えて。お米は、土鍋で炊くようになった。ひと粒ひと粒がふっくらして、ぴかぴか光ったように出来上がるから不思議。食感にバリエーションも出るから有機栽培された雑穀米と黒米を混ぜて。イソフラボンが摂れる納豆は必須。副菜には、バランスを考えて作り置きの煮付けと、彩りもきれいなプチトマトを添えたら完成。

MENU〔メニュー〕
- 雑穀米と黒米を混ぜたご飯、ワカメと油揚げのお味噌汁。
- 細かく刻んだネギをたっぷり入れよくかき混ぜた納豆。
- カボチャの煮付け、ヒジキの煮付け。
- 焼いた塩鮭と、茹でたキャベツ。

彩穀、古代黒米／浦部農園
ヒエ、モチアワ、緑米など13種類の穀物をブレンドした「彩穀」と、希少米の「黒米」は、栄養価豊富で美容にも◎

雪あかり／水戸納豆
こだわりの納豆は無添加で作られている「雪あかり」をお取り寄せ。ほんのり甘くて、大粒の大豆はもっちり食感。

TUESDAY

ストウブで作るラタトゥイユ

愛用の鍋はストウブ。お塩とオリーブオイルにこだわるだけで、素材の旨味を逃がさず、料理をとても美味しくしてくれる。野菜やお魚、いろいろなものをストウブで作るようになった。ラタトゥイユは前日に作っておいて、朝温めるだけでたっぷりの野菜が食べられるお気に入りの時短メニュー。

HOW TO COOK〔ラタトゥイユ作り方〕
① 玉ネギ、赤と黄色のパプリカ、ズッキーニを一口大に切る。ズッキーニは8mmくらいの厚さに。② ストウブ鍋にオリーブオイルとつぶしたニンニクを入れて弱火にかける。③ ニンニクの香りがたってきたら、❶の野菜を加え炒める。④ 全体に油が回ったらトマトピューレと水、タイムを加えて15分ほど煮込む。⑤ 塩を少々ふり味を調えたら完成。

FRESCOBALDI LAUDEMIO
イタリア、トスカーナ地方にあるフレスコバルディ家の畑で、無農薬で栽培されたオリーブからつくられたEXヴァージンオイル。3種がブレンドされたフルーティな味わい。

シーソルト／マルドン
プロの料理人からも信頼されているイギリス産の塩。ピラミッド型の粒はほんの少量でもまろやかな味わいになる。

Weekly Breakfast

WEDNESDAY

コンチネンタル・ブレックファスト

パンの朝ご飯の時は、ゆで玉子やハムやフルーツ、コーヒーと一緒に。柔らかくてもちもちしたタイプのバゲットが特に好き。厚めにカットして、オリーブオイルをつけたり、バルサミコ酢をつけたりしてる。たっぷりめに塗るジャムは、手作り。ブルーベリーとかマーマレードのジャムは好きなのでよく作っている。

HOW TO COOK（ジャムの作り方）

① ブルーベリーにきび砂糖をまぶし、5分置く。② 小鍋に❶を入れ中火にかける。③ ふつふつしてきたら火を弱め、混ぜながら10分ほど煮る。④ ブルーベリーがつぶれてきたら、レモン汁を加え5分ほど煮る。⑤ とろみがついてきたら完成。

エクストラヴァージンオリーブオイル（左）
バルサミコ酢（右）／フェルナンドペンサト
イラストのラベルが可愛いオリーブオイルとバルサミコ酢。有名ホテルでも使われている。フランスで購入。

バゲットデミ／ジャンティーユ
中目黒のパン屋「ジャンティーユ」のバゲットは天然酵母で発酵、少し酸味があるのもいい。柔らかいので息子にもOK！

THURSDAY

おにぎりワンプレート

見た目はかわいいのに、洗い物は少ないので、忙しい朝には大助かり。子どもが食べやすいように、おにぎりは小さめに。副菜は栄養とバランスと冷蔵庫の具合でいろいろと。時間はなくても、お味噌汁のお出汁はきちんと丁寧に取りたいから、カツオやアゴ、昆布と数種類含まれている出汁パックが重宝。お味噌の香りがキッチンに広がると、私自身もホッとする。

MENU〔メニュー〕
- 小さめに作った塩むすび。
- インゲンの胡麻和え、きんぴらごぼう、サツマイモの煮付け、紅芯大根の塩揉み、ナスの浅漬け。
- ネギ、豆腐、ワカメのお味噌汁。

ろく助旨塩
昆布や干し椎茸、干し帆立貝の旨味がブレンドされている塩。この塩のおかげでお米の美味しさを実感するおにぎりになる。

茅乃舎だし(左)、減塩だし(右)／久原本家 茅乃舎
1袋入れるだけで、出汁の味わいをしっかりと感じるお味噌汁が出来上がる優れもの。煮物にも欠かさず使ってる。

Weekly Breakfast

FRIDAY

野菜たっぷり朝ご飯

野菜をたくさん食べたい朝は、サラダやスープ、炒め物など、種類を変えて。レタスやベビーリーフのグリーンサラダには、スライサーでスライスしたニンジンを散らして彩りを。カボチャはミキサーを使ってポタージュに。コク出しにかくし味としてみそたまりを加えて。ズッキーニはシメジと一緒にさっと炒める。簡単なレシピでも美味しく仕上がるのは、こだわりの調味料のおかげ。

HOW TO COOK（ズッキーニの炒め物の作り方）
① ズッキーニを8mm厚の輪切りに。シメジは一本一本分ける。② フライパンにオリーブオイルを熱し、❶を加える。③ 全体に火が通ったら塩コショウをふり、最後にレモンを搾りかけて出来上がり。

塩コショー／フォション
アメリカ・ユタ州の岩塩とあらびきブラックペッパーのバランスが絶妙で、炒め物にはこれをかけるだけで、味が決まる。

みそたまり／石孫本店
長期熟成の味噌から摂るエキスは、塩分控えめで味噌の濃厚でまろやかな旨味が特徴。料理にコクを加えてくれる。親子丼を作るときにもぜひ！

HOLIDAY

オムライス

「オムライス！」って息子にリクエストされることが多いので、お休みは彼の好物を朝ご飯にしてあげてる。チキンライスを卵でさっと包んで、トマトの味を感じられるケチャップをかけて。フルーツとオレンジジュースと一緒に召し上がれ。

HOW TO COOK〔オムライス作り方〕
① 玉ネギをみじん切りに、鶏肉を小さめに切る。② サラダ油を熱し、玉ネギを炒める。③ 鶏肉を加えて炒め、塩コショウをし、ケチャップを加えて混ぜる。④ 最後にご飯を入れ炒め、味をなじませて、別皿に取る。⑤ 卵を溶き、サラダ油を熱したフライパンに流し込む。⑥ 卵全体を混ぜながら、少し固まってきたら❹で出来上がったチキンライスを中央に置き包む。⑦ お皿に乗せたら、ケチャップを添える。

減塩トマトケチャップ／ケンシヨー食品
甘みが感じられるケチャップ。イタリアの有機栽培のトマトペーストと高知産の野菜で作られていて、減塩仕様なのもうれしい。

丈夫卵／生命農法研究会
卵は、ヒヨコから完全無投薬でつくられているものを選んでる。平飼い養鶏のもので、弾力のある黄味は、濃さもそれぞれ。

Weekly Breakfast

青い絵付けの食器を見ると、つい惹かれてしまう。
石川九谷焼(樋山真弓作、九谷美陶園)、白山陶器、
有田焼(KIHARA)、古川桜作の染付け長皿、東屋の豆皿など。
グラスもいろいろで、沖縄の奥原硝子の水差しや、
京都の宙吹きグラス(荒川尚也作)など。
いいグラスで飲むと水も美味しく思えるから不思議。

Wish

【ウィッシュ】望み。「お望みとあらば宇宙へでもお連れしよう!」「まーじーでー!?」

Balance, Energy, Quality, and Total Human Being…

今の願望は、自分に人間力をつけたい、ということ。
それが今一番のウィッシュリストなの。
日常の中のひとつひとつが大事で、そこから学ぶものだと思うけど。
この本が出たら自分修行に行ってきまーーーーーーーす!!!

XXX

【XXX】キスキスキス！　大好きなこと。

GERBE
普段はノーストッキングだけど、GERBEのドット柄は例外。

MAISON MICHEL, SUPER DUPER HATS
ヨーロッパの手仕事の良さを感じるこの2ブランドが特に好き。

CHRISTIAN LOUBOUTIN【CHARLEEN】
なんだかんだ言ったって、ルブタンでしょ。

PRADA
黒のタートル＝2015年、タートルデビュー。女性らしく着ます。

SAINT LAURENT
ボーダーは永遠の定番。色違いでどちらも私の定番。

ACNE, BALENCIAGA, ILLESTEVA etc.
コーディネートのアクセント。ちょっとだけ攻めたい気分の時に。

My Favorite Things

MAISON DE REEFUR RIDER'S JACKET
これまで袖を通したライダースのいい部分ぜんぶ集めた渾身のリーファーオリジナル。

CHANEL [PREMIÈRE]
品が良いダイヤのデザインで、ベルトがラバー製という遊び心。

RICOH GR LENS 18.3mm F2.8 シリーズ
ハイスペックにしてコンパクト、しかもこのクラシック感が◎

XXX

LOUIS VUITTON
大切なジュエリーを大切にきちんとしまう気にさせてくれる。

ONLY HEARTS
メンズライクなパジャマを女の子が着るのはイイと思う。

ACNE
ACNEがとっても肌になじんだよ。質感重視！

BUNNEY
ジュエリーはシルバーで、自己主張が強すぎないものが好き。

PATAGONIA [LIGHTWEIGHT TRAVEL TOTE 26L]
こんなに軽くて2WAYで機能性抜群。アクティブママにぜひ。

NIKE [BLAZER MID]
真っ白で余計なものがなく履きやすい、最近のお気に入り。

PRIMAVERA
ドイツのルームスプレー。プシュッとひとふきで、気分転換に。

DUTCH HANGER
洋服がずり落ちないベルベット仕上げのハンガー。

HELIOCARE [ULTRA SPF90 GEL90・+++]
紫外線を強力にブロック。保湿クリームのような下地クリーム。

ABYSS & HABIDECOR
肉厚でもっちり感があるのに、軽くてふかふかなタオル。

歯磨き関連グッズ
歯医者さんにすすめられて使用中。歯は一生物ですから。

blanche étoile(左), 資生堂(右)
MA LIP twinkleで唇うるうる。唇荒れにはモアリップ。

XXX

実のなる植物
実のなっている木が好き。花を飾るよりも枝そのものが好き。

高橋工芸［CARAディッシュ21(上)］
和にも洋にも合う、お皿はこれがあればよしという逸品。

LEE GEE JO
陶芸家イ・キジョ作の大好きな花瓶。お花が凛と美しく見える。

RUSSELL HOBBS, LITTLE NAP COFFEE STAND [BRAZIL]
使い勝手のいいグラインダーとおいしい豆と。

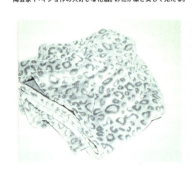

ZARA HOME
だって、ヒョウ柄好きですから。ブランケットもヒョウ柄です♡

HERMÈS
幾何学模様の青と白が美しい「ブルー ダイユール」シリーズ。

BALMUDA [RAIN スタンダードモデル]
スタイリッシュで水がたくさん入り、自動湿度調整付きの加湿器。

MOMOE [AMAZAKE]
やっと見つけた！って感じのおいしさのグラノーラ。

CADO [HUMIDIFIER HM-C600S]
乾燥だけでなく、ウィルスからも守ってくれる優秀な加湿器。

料理本『常備菜』飛田和緒著
人気料理家さんの本。ストックのためのレシピは私にうってつけ。

SPONTEX
キュッとふくと水分が取れる抜群の吸収力のフキン。

SONNENTOR
月の満ち欠けの周期にあわせて飲む月のお茶。月を感じながら。

Yellow Card

【イエローカード】警告。非紳士的な行為を行った選手に対して審判が警告すること。

Big or Small, Lies are Lies

人生のイエローカード、それはウソをつくことだと思ってる。
若い頃よりも「大人のウソ」を理解できるようになったけど、
本当は真実だけで生きていけるのが一番いい。
タテマエや社交辞令は最小限でいい。

Yesterday

【イエスタデイ】昨日。ちなみにビートルズの同名曲は当時、100万枚以上のセールスを記録（米シングル盤）。

Today is Not Yesterday

昨日のことは思い出すけど、過去のことは振り返らない。後悔はしない。
本当はむちゃくちゃ引きずるからこそ、引きずらないようにしてる。
そのためには完全燃焼すること。たとえば恋愛だったら、
地べたを這うように追いすがり、もう無理っていうくらいやりきって
「全部やった！納得！」と自分でクリアして終わらせるようにする。
苦しんでいる時は、カッコ悪くても自分がダサいなと思ってもいいの。
長い時間かかってもそれはしょうがない。本心からすっきり
「もう大丈夫」と思えるようになるまでは、途中でキレイに解決しようなんて思っても
それは無理だから。自分自身の奥にある気持ちを無視することは絶対にできない。
だから完全燃焼させるまでがんばる。それでも解決できない時は最後に
「ご縁がなかったんだね」とあきらめるのがいいと思うよ。
「縁がない」のであれば、どうしようもないからね。

2014 Winter, Hawaii Condominium にて撮影

Zoom

【ズーム】ズームバック:被写体から遠ざかって撮影すること。

Baby, Look at Camera!

Zoom Back to My Family Life

この1冊を制作している間にいろんなことがありました。
家族の協力なしにはとてもできなかったと思う。
今、こうして家族に囲まれて大好きな仕事ができていることを、とても幸せに思います。
「戻れるとしたら何歳に戻りたい?」と聞かれたら、もちろん「今」でいい。
「今」がいい。そして、いくつになっても「今が一番いい」と言っていたい。
そのために、人生がんばるんです。

photo by husband

What do you do?
Find something fun, sweetie?

Zoom

**Oneday, Mom turns to be a Bunny…
Love it?**

No, no, no, honey.
It's mom's precious thing.
Don't touch it.

Bunny mom and her son
are relaxing at home.
Today is a good day.

Zoom

Zoom back to my family life.
Thank you, papa
being gentle and powerful like Batman.
Thank you, my son
make the miracle like Batman.
I'm really glad to have met you two.
Stay with me always and forever.
Batmans are forever!

Zzz...

【グーグーグー…】グーグーグー…

Zzz
z

Zzzzzzz…………

…zzz

z

MY NAME IS... RINKA PROJECT TEAM

art director : Hiroko Tanuma (GRABON SERVICE)
chief editor : Toshiko Nakashima (MAGAZINE HOUSE)
producer : Noriko Ebara (BONBON SERVICE)

MY NAME IS... RINKA STAFF

designer : Makiko Ikeda
editor : Yumiko Yata Vattani, Aya Sasaki

LOS ANGELS SHOOTING
photographer : Mari Sarai (angle)
make-up : Misuzu Miyake
coordinate : Shining Production

PARIS SHOOTING
photographer : Edouard Plongeon
stylist : Marine Braunschvig
assistant stylist : Mélina Brossard
hair : Tomoko Ohama
make-up : Tatsu Yamanaka
coordinator : Hiromi Otsuka

HAWAII SHOOTING
photographer : Yoko Takahashi
hair : Take (3rd)
coordinator : Maki Konikson & Atsuko Barth (konikson productions)

LONDON SHOOTING
photographer : Sophie Isogai
coordinator : Yumi Hasegawa

HOME SWEET HOME SHOOTING
photographer : Katsuhide Morimoto (little friends)
hair : Taku (CUTTERS)

DAILY BEAUTY TIME SHOOTING
photographer : Akinori Ito (aosora)
hair : Dai Michishita
make-up : Kazuko Hayasaka (W)

WEEKLY BREAKFAST SHOOTING
photographer : Shinsaku Kato

CLOSET/MEMO/VOYAGE (right-page) SHOOTING
photographer : Kazuharu Igarashi

COVER SHOOTING
photographer : Akinori Ito (aosora)

COVER and INSIDE ILLUSTRATION
the Blake Wright

ARTIST MANAGEMENT
executive producer : Yoshiro Hosono (STARDUST PROMOTION)
chief management : Keiko Morino (STARDUST PROMOTION)
management : Erina Kuroiwa (STARDUST PROMOTION)

SPECIAL THANKS
Haruyo Inagaki (MOMOE), Hiromichi Uchida (MAGAZINE HOUSE), Keisuke Kitamura,
Props Now, Yoshinosuke Yamanashi (digi-cap)

掲載品の多くは、日々梨花本人が愛用してきた私物であり、
現行品とは仕様が異なっていたり、生産・販売が終了している、日本国内には販売店がない物があることをご了承ください。

MY NAME IS... RINKA

最近、私を知ってもらえる機会が減っていたように思います。
子どもが生まれたり環境も新しくなり、
自分の時間の使い方がとても変化してきました。
この本は私の「今」と「これから」について、いろいろ考えながら作った本です。
これでまた少し、私のことを知ってもらえれば幸いです！

梨 花（2015年3月）

RINKA

1973年5月21日東京都生まれ。1992年デビュー。
モデルとして多くのファッション誌の表紙を飾り、
唯一無二のファッションアイコンとして絶大な人気を誇る。
2012年、ディレクターとして「Maison de Reefur」を代官山にオープン、
さらなる活躍の幅を広げている。
instagram：@rinchan521

MY NAME IS... RINKA
A to Z DICTIONARY

2015年3月25日　第3刷発行
著者　梨花
発行人　石崎孟
発行所　株式会社 マガジンハウス
〒104-8003　東京都中央区銀座3-13-10
受注センター　☎049-275-1811
mynameisrinka@gmail.com

印刷・製本所　太陽印刷工業株式会社

©2015 Rinka, Printed in Japan
ISBN978-4-8387-2739-1 C0095

乱丁本、落丁本は購入書店明記のうえ、小社制作管理部宛にお送りください。
送料小社負担にてお取り替えいたします。但し、古書店等で購入されたものについては、
お取り替えできません。定価は表紙に表示してあります。
本書の無断複製（コピー、スキャン、デジタル化等）は禁じられています（但し、著作権法上での例外は除く）。
断りなくスキャンやデジタル化することは著作権法違反に問われる可能性があります。

マガジンハウスのホームページ　http://magazineworld.jp/